JN216179

山口拓朗
Yamaguchi Takuro

伝わるメールが「正しく」「速く」書ける92の法則

92 RULES FOR WRITING
EMAILS CORRECTLY AND QUICKLY

ア
朝日新聞出版社

まえがき

- ◆ メールを書くのが苦手だ
- ◆ 誤解を招くメールを書いてしまったことがある
- ◆ メールで大きな失敗をしたことがある
- ◆ メールを書くのに時間がかかる
- ◆ メールのマナーをよく知らない
- ◆ そもそも文章を書くのが苦手だ
- ◆ つい感情的なメールを書いてしまう

　あなたにもそんな悩みがあるのではないでしょうか？もし答えが「そのとおりです」であれば、この本との出会いで、あなたの人生が変わるかもしれません。この本で「伝わるメール」の書き方と、その先にある「仕事の成果」を手に入れてください。

　伝わるメールの主役は、いつでも「自分」ではなく「相手」です。そう、「自分本位」の文章ではなく「相手本位」の文章を書くことが、伝わるメールの最も重要なポイントです。

【自分本位のメール】
- ◆ 自分が書きたいことを書きたいように書く

【相手本位のメール】
- ◆ 相手が読みやすいように書く
- ◆ 相手が理解しやすいように書く

◆ 相手が納得するように書く

◆ わかりやすい言葉で書く

　また、「許可をもらいたい」「約束を取り付けたい」「お願いを
きいてもらいたい」「仕事を受けてもらいたい」「ミスを許しても
らいたい」など、相手に「○○してもらいたい」というケースで
は、以下の点にも意識する必要があります。

◆ 相手の知りたいことを書く

◆ 相手が喜ぶことを書く

◆ 相手が興味を持つように書く

　伝わるメールを書くうえで、押さえておかなければいけない前
提があります。それは「メールの向こう側には、感情を持った人
間がいる」という“まぎれもない事実”です。

　普段、会話をしているときは、目の前にいる相手の感情に注意
を払って話をしている人でも、ことメールになると、その意識が
弱くなりがちです。パソコンやスマホで文章を作っていると、つ
い相手（＝感情を持った人間）の存在を忘れてしまうのです。

　会話であれば、相手の表情が曇ったら「伝わっていないかもし
れない」とか「まずい、このままだと怒らせてしまうかもしれな
い」と気づき、そこから会話を修正したり、言葉を付け加えたり
することができます。

そもそも、相手のほうから「それはどういう意味ですか？」と聞き返されることもあります。そのつど軌道修正しながらやり取りできるのが会話や電話のメリットといえるでしょう。

　一方、メールの場合は、修正も、訂正も、付け足しもできません。やり直しのきかない一発勝負。そこにメールによるコミュニケーションの難しさがあります。

　でも、ご安心ください。その「難しさ」を取り除くために書かれたのがこの本です。

　本書では、伝わる文章の基本から、円滑なメールコミュニケーションを図る方法、相手の行動を促す心理的なテクニック、すばやくメールを作成するコツ、シーン別の使えるフレーズ集まで、メール作成のノウハウを完全網羅しています。ふんだんに盛り込んだ具体例も、実際にメールを書くときの参考になるでしょう。

　また、正しい日本語や、メールのマナー＆ルールにも言及しています。これらは、社会人として恥をかかないためにも、できる限り早いうちに身につけておきましょう。

　一方で、早々に前言を撤回しますが、正しい日本語やメールのルール以上に大切なものがあります。
　それは「相手本位」に根ざしたコミュニケーションです。正しさやルールばかりに固執していては「相手本位」の文章は書けま

せん。相手のためによかれと思うなら、ときに正しさやルールを無視して対応するフレキシブルさも必要なのです。

「伝わるメール」が書けるようになると、やり取りがスムーズになり、周囲から好意や信頼を得る機会が増えていきます。そうなれば、当然、仕事で成果を上げやすくなります。

さらに、伝わるメールのスキルは、仕事だけでなく、プライベートにも好影響をもたらします。人と上手につながり、良質な人脈を築くことができれば、その人脈を活かしながら、あなた自身の目標や夢を叶えることもできるでしょう。

伝えたいという気持ちがあるのに、あるいは、有益な情報を持っているのに、結果として相手に伝わらないのは"悲劇"にほかなりません。しかも、その悲劇をきっかけに相手との信頼関係まで崩れてしまうとしたら——あまりに悲しいことです。

そんな悲劇に見舞われないよう、本書で「伝わるメール」の書き方をマスターしてください。

大丈夫。あなたの悩みは解消されて、必ずやメールコミュニケーションの達人となるでしょう。そのゴールに向けて、私が精一杯ナビゲートさせていただきます。

山口 拓朗

Contents

第3章　「速く」書くための シーン別フォーマット

第4章　恥をかかない　正しい敬語のルール

第7章　メールですぐに使える**フレーズ集**

・カバーデザイン：小口 翔平 (tobufune)
・イラスト　　　：田島 美典

第 1 章

伝わる文章の
基本ルールを学ぼう

「一文は短く」が、伝わるメールの基本

　一文を短く書く。これは文章を書くときの基本中の基本です。一文が長すぎると、以下のようなリスクが生まれ、誤読や誤解を招きやすくなります。

◆ 主語と述語がねじれる
◆ 情報量が多くなる
◆ 文章の構造が複雑になる

【ダメ文】明日行う会議の議題は、売り上げが伸び悩む渋谷区の３店舗に施す抜本的な対策についてで、余った時間を使って、来年３月にオープン予定の品川グランド店のコンセプト作りと広告戦略についての意見交換も行いますので、ご多忙とは存じますが、ご参加いただけますよう、よろしくお願いいたします。

　一文に130文字以上が費やされています。**情報量が多すぎるせいで、内容が頭に入ってきません。**不親切な文章です。

【修正文】明日行う会議の議題は、売り上げが伸び悩む渋谷区の３店舗に施す抜本的な対策についてです。また、余った時間を使って、来年３月にオープン予定の品川グランド店のコンセプト作りと広告戦略についての意見交換も行います。ご多忙とは存じますが、ご参加いただけますよう、よろしくお願いいたします。

一文に句点（マル）をふたつ打って、文章を３つに分けました。ダメ文よりも読みやすく、理解しやすくなりました。

　ちなみに、最初の句点のあとに接続詞「また」を挟んだのは、情報の区切りを明確にして、より読みやすくするためです。

> 【ダメ文】お打ち合わせの日時が６日（金）13 〜 15 時で確定いたしましたので、当日の資料はこちらで用意しておきますが、ご確認のうえ、原田様にもお伝えいただけますでしょうか。

> 【修正文】お打ち合わせの日時が６日（金）13 〜 15 時で確定いたしました。ご確認のうえ、原田様にもお伝えいただけますでしょうか。当日の資料はこちらで用意しておきます。

　ダメ文は、一文が長いうえ、途中に補足情報である「資料」の話を挟んでいます。これでは相手が混乱してしまいます。

　修正文では、積極的に句点を打って文章を３つに分けるほか、「資料」の補足情報を最後に移動しました。この書き方であれば誤解を招く心配はありません。

　もっとも、極端なほど短文が続くと、単調かつ稚拙な文章になりかねません。たとえば「ご確認のうえ、原田様にもお伝えいただけますでしょうか」は、わざわざ２文に分ける必要はないでしょう。「一文を短く」を意識しながらも、“リズム”と“スマートさ”を損ねない文章を心がけましょう。

02 必要な「主語」や「目的語」は省略しない

　英語と違って、日本語では「主語」や「目的語」の省略が頻繁に行われます。お互いにわかっている（はずの）事柄は省略するのが日本語の特性です。

【原文】明日正午に、貴社にうかがいます。

　メールを受けた相手は、「明日、メール送信者（木村さん）が来社する」と理解するでしょう。ゆえに、木村さんは、わざわざ「私が貴社にうかがいます」と主語を入れて書く必要はありません。
　しかし、**主語を省略できるのは、相手が100％理解してくれるときに限ります。**

　仮に、相手が「いつもは木村さんの部下が来るのに、今回は木村さんが来るの？」と不思議に思うとしたら、主語を省略したこの書き方は、「相手への配慮が足りない」ということになります。

【修正文1】明日正午に、私が貴社にうかがいます。

　主語を入れたこの文面であれば、相手が不思議に思うことはないでしょう（「私が＝木村さん」とわかるからです）。
　もちろん、木村さんの部下が行く場合は、主語（部下の名前）を省略すべきではありません。

【修正文2】明日正午に、**弊社の佐藤が**貴社にうかがいます。

　くどいようですが、主語や目的語を省略するかしないかは、相手の理解度次第です。書き手の都合で決めてはいけません。

× ロゴのデザインをお願いしたく存じます。
　　→ 相手：えっ、お願いって、誰に？
○ **A 社の上田様に**ロゴのデザインをお願いしたく存じます。

× 弊社の藤井に調べさせます。
　　→ 相手：えっと……調べるって何のことだっけ？
○ 弊社の藤井に**ユーザーのオプション利用率を**調べさせます。

× 明日までにお送りいただければ幸いです。
　　→ 相手：えっ、何を送るの？　写真？　資料？　報告書？
○ 明日までに**報告書を**お送りいただければ幸いです。

× 今日中に転送いただけますでしょうか。
　　→ 相手：えっ、誰に？　何を転送するの？
○ 今日中に**小林さんに提案書を**転送いただけますでしょうか。

　仕事で使うメールでは、「主語」や「目的語」を入れることのリスク（＝文章がくどくなる）よりも、省略することによるリスク（＝誤読や誤解を招く）をつぶすことのほうが重要です。

情報を過不足なく盛り込む方法
【「6W3H」活用のススメ】

　6W3Hをご存知の方は多いでしょう。情報を分類したり、まとめたりする際に、情報の抜け落ちを防ぐツールです。このツールが文章を書くときにも役に立ちます。前項でお伝えした主語と目的語も6W3Hに含まれます。

◆ Who（誰が／どんな人が）

◆ Whom（誰に／どんな人に）

◆ What（何を／どんなことを／どんなものを）

◆ When（いつ／どんなときに）

◆ Where（どこで／どこに／どこへ／どこから）

◆ Why（どうして／何のために）

◆ How（どんなふうに／どうやって）

◆ How many（どのくらい）

◆ How much（いくら）

　6W3Hの抜け落ちた文章とは以下のようなものです。

メールをしておいてください。

　意味不明な文章です。Who（誰が）とWhom（誰に）を盛り込みます。

> 伊藤さん、**中村課長に**メールをしておいてください。

　What（何を）を盛り込みます。

> 伊藤さん、中村課長に**企画書を**メールしておいてください。

　When（いつ）と Why（どうして）を盛り込みます。

> 伊藤さん、**企画内容をチェックしてもらいたいので、今日中に、**
> 中村課長に企画書をメールしておいてください。

　How（どんなふうに）を盛り込みます。

> 伊藤さん、企画内容をチェックしてもらいたいので、今日中に、
> 中村課長に企画書をメールしておいてください。**その際、企画書**
> **は PDF に変換してください。**

　ほかにも必要であれば、Where（どこで）、How many（どの
くらい）、How much（いくら）なども盛り込みます。

　相手から聞き返されることが多い人は、もしかすると、必要な
6W3H を盛り込まずにメールを書いているのかもしれません。
あまりに頻繁に情報の抜け落ちたメールを書いていると、信用低
下にもつながりかねません。「情報の漏れはないかな？」と疑い
ながら、送信前に 6W3H をよくチェックしましょう。

「主語」と「述語」は、ねじらずに正しく対応させる

　主語と述語が正しく対応していない文章は、文法的に正しくない悪文です。「主語と文章がねじれている状態」です。

> 【ダメ文】彼の仕事は、スタッフが集めた情報を整理・分析して、データ化しています。

　主語の「彼の仕事は」に「データ化しています」という述語を対応させるのは不自然です。主語と述語がねじれた状態です。

> 【修正文】彼の仕事は、スタッフが集めた情報を整理・分析して、データ化することです。

　述語を「データ化することです」に修正した結果、主語と述語のねじれが改善されました。

　ダメ文を読んで、「そんな文章を書く人なんている？」と思った人もいるかもしれませんが、「主語と述語がねじれた文章」は、思いのほかよく見かけます。**一文が長くなってしまったときは「ねじれるリスク」が高まるので、とくに注意が必要です。**

> 【ダメ文】ビタミンCの含有量が多い食べ物は、野菜類ではピーマン、パセリ、ブロッコリーなど、果物類ではアセロラ、ゆず、柿など、海藻類では海苔や昆布などに多く含まれています。

主語「ビタミンＣの含有量が多い食べ物は」に「昆布などに多く含まれています」という述語を対応させるのはおかしいです。

【修正文1】ビタミンＣの含有量が多い食べ物は、野菜類ではピーマン、パセリ、ブロッコリーなど、果物類ではアセロラ、ゆず、柿など、海藻類では海苔や昆布などです。

【修正文2】ビタミンＣは、野菜類ではピーマン、パセリ、ブロッコリーなど、果物類ではアセロラ、ゆず、柿など、海藻類では海苔や昆布などに多く含まれています。

　修正文1では述語を、修正文2では主語を直しました。どちらも主語と述語のねじれが消えて、両者が正しく対応しています。

　なお、「主語と述語のねじれ」以外にも、「主語と述語の離れすぎ」が誤読の原因になることもあります。

　よく見ると、先ほどのダメ文も（修正文1や2も）、一文が長めです。その結果、主語と述語の位置が離れてしまっています。

ビタミンＣの含有量が多い食べ物には、次のようなものがあります。野菜類ではピーマン、パセリ、ブロッコリーなど、果物類ではアセロラ、ゆず、柿など、海藻類では海苔や昆布などです。

　ふたつの文章に分けることによって、主語と述語が近づき、読みやすくなりました。もちろん、主語と述語の距離が近いほど、両者がねじれるリスクも低くなります。

一文が長い → 主語と述語が離れる → 主語と述語がねじれる

一文が短い → 主語と述語が近づく → 主語と述語が対応する

　私たちが目指すべきは、当然、「安全な書き方」です。

【ダメ文】　辻が向かった先は、いま注目の企業へ足を運んだ。
【修正文1】辻が向かった先は、いま注目の企業だ。
【修正文2】辻は、いま注目の企業へ足を運んだ。

【ダメ文】　会議から戻ってきた林部長が、突然、「明日の大阪出張に同行してくれ」と言われて、私は面食らった。
【修正文1】会議から戻ってきた林部長が、突然、「明日の大阪出張に同行してくれ」と言った。私は面食らった。
【修正文2】会議から戻ってきた林部長から、突然、「明日の大阪出張に同行してくれ」と言われて、私は面食らった。

【ダメ文】　私の朝の習慣は、事務所の掃除です。
【修正文1】私の朝の習慣は、事務所の掃除をすることです。
【修正文2】私が朝の習慣にしているのは、事務所の掃除です。

05 「数字」や「固有名詞」を使って、具体的に書く

　仕事で文章を書くときに、とくに気をつけなければいけないのが「あいまいな表現」です。「あいまい」とは、内容がぼやけていて、はっきりしないこと。「あいまいな表現」は誤解やトラブルの原因になりかねないので注意が必要です。

　副詞や形容詞を中心に、あいまいな表現は多数あります。

　だいぶ、すごく、たくさん、とても、かなり、すぐに、ときどき、たまたま、まあまあ、なるべく、できれば、素敵な、美しい、危ない、大きい、高い、長い、遅い、広い……等々。

【ダメ文】あさっては、少し早めに会場にお越しください。
また、恐れいりますが、なるべく早めに資料をお願いいたします。

　あいまいな言葉が多く、フラストレーションがたまるメールです。メール受信者の心の声をピックアップしてみましょう。

◆ あさって　　　→　　　送信時間が0時を過ぎてる
　　　　　　　　　　　　あさってはいつ？
◆ 少し早め　　　→　　　少しって……どれくらい？
◆ 会場　　　　　→　　　今回の場所はどこだっけ？
◆ なるべく早め　→　　　なるべくって……どれくらい？
◆ 資料　　　　　→　　　資料って何のことだっけ？
◆ お願いします　→　　　私は何をすればいいの？

ダメ文には、「少し早めに」とありますが、もしもメール送信者が意図する「少し」が30分で、メール受信者がイメージする「少し」が5分だった場合、そこには25分の「誤解」が生まれます。そうなった場合、不利益をこうむるのは誰でしょう？それは、送受信者を含む関係者すべてではないでしょうか。

【修正文】 あさって（27日）は、**開場30分前の17時30分までに東京文化会館**にお越しください。
また恐れいりますが、**明日（26日）の正午**までに、**会場で配布するレジュメをPDF**でお送りいただけるようお願いいたします。

　これくらい具体的に書かれていれば、読む人がイライラしたり、不安な気持ちを抱いたりすることはありません。

　もちろん、どこまで具体的に書くかは、読み手の情報把握レベルにもよります。そのうえで「もしかすると、読む人はわかっていないかもしれない」「勘違いしているかもしれない」「忘れてしまっているかもしれない」という前提に立って書くことが、読む人への親切心です。相手が"うっかりミス"の常習犯であればなおのこと。**「具体的に書く＝リスクマネジメント」です。**

【ダメ文】 現状、コスト的に**厳しい**です。
【修正文】 現状、コストが**45万円ほどオーバー**しています。

【ダメ文】 念のため、**多め**に印刷してください。
【修正文】 念のため、多めに（**20部**）印刷してください。

【ダメ文】多少費用がかかります。

【修正文】2、3万円の費用がかかります。

【ダメ文】駅から少しかかります。

【修正文】ふじみ野駅からタクシーで5分ほどかかります。

【ダメ文】かっこいいデザインをイメージしています。

【修正文】白黒基調のCOOLなデザインをイメージしています。

　具体的に書くポイントは、ずばり「数字」と「固有名詞」の活用にあります。「あいまいな表現」に代わって「数字」や「固有名詞」を盛り込むだけで、伝わりやすくなります。

■ **数字の例**　80%、3割、20グラム、時速25キロ、3日間、5メートル30センチ、40℃、15時45分、24個、5カ所、700万円、1000枚、12社、1月20日、5泊、10回、20ダース、12ロール、2500アクセス、5000ビュー、1万クリック

■ **固有名詞の例**　地名、建物名、会場名、駅名、人名、書名、商品・サービス名、ブランド名、イベント名、会社名、施設名、組織名、部署名、店名、役職、肩書き、交通機関名、機能名、素材名、媒体名、サイト名、プラン名、メーカー名、チーム名、プロジェクト名、方法・手段名、ファイル名、件名、書類名

06 「修飾語」と「被修飾語」を近づける

　修飾語と被修飾語は、できる限り近づけましょう。両者の距離が離れすぎていると、誤読や誤解を招きやすくなります。

【ダメ文】**おそらく**前年よりも広告費をかけず、また、メディアプロモーションも行わずに売り上げを伸ばすことは、**不可能でしょう**。

　「おそらく」は「不可能でしょう」を修飾する言葉です（書き手の認識としては）。ところが、この文章の場合、「おそらく」が「前年よりも〜」にかかっているかのように読めます。読む人が混乱をきたす悪文です。修飾語と被修飾語を近づけましょう。

【修正文】前年よりも広告費をかけず、また、メディアプロモーションも行わずに売り上げを伸ばすことは、**おそらく 不可能でしょう**。

　なお、同じ言葉を修飾する言葉が複数あるときには、以下①〜③の原則に従います。

原則①：「長い修飾語 → 短い修飾語」の順にする

【ダメ文】人気の歴史あるレストラン。
【改善文】歴史ある人気のレストラン。

「人気の」と「歴史ある」は、どちらも「レストラン」を修飾する言葉です。「長い修飾語」をあとにしたダメ文でも意味は理解できますが、ややスムーズさに欠けます。原則①に従って「長い修飾語」を先にした改善文のほうが、理解しやすいです。

原則②：「節を含む修飾語 → 句の修飾語」の順にする

「節」とは、1個以上の述語を含む複文のことで、「句」とは、述語を含まない文節（文の最小単位）のことです。

【ダメ文】画期的な、アイデアを満載したプラン。
【改善文】アイデアを満載した画期的なプラン。

「アイデアを満載した」（節）と「画期的な」（句）は、どちらも「プラン」にかかる修飾語です。ダメ文では句を先にした結果、読点（テン）を打たざるを得なくなりました。しかし、これではリズムがよくありません。「句」より「節」を先にした改善文であれば、リズムもよく、意味も理解もしやすいです。

原則③：時（状況）を示す修飾語を先に示す

【ダメ文】「世代格差を数字で埋める」をコンセプトにした、先月7日に発売された武田隼人氏の新作ゲーム。

　ダメ文の修飾関係を見てみましょう。「新作ゲーム」を修飾する言葉は以下です。

◆「世代格差を数字で埋める」をコンセプトにした
◆ 先月7日に発売された
◆ 武田隼人氏の

　ダメ文は、原則①や②に従っています。しかし、よく見ると「先月7月に発売された」という時（状況）を示す言葉があります。このようなケースでは、修正文1のように、その言葉を先にもってくると座りが良くなります。つまり、原則③の適用です。

　ただし、修正文1が最適な文章かといえば、答えはノーです。一文に盛り込まれる情報量の多すぎます。以下の修正文2のように、句点（マル）を打って、全体を二分割するのがスマートです。

　そもそも、「修飾語の数が多い＝一文が長すぎる可能性が大きいので、文章の分割を前向きに検討すべきです。

【ダメ文】　極めて小さい、製造ラインの不具合によって作られたその傷は、今後の生産体制に大きな影響を与えるはずです。

【修正文1】　製造ラインの不具合によって作られた極めて小さいその傷は、今後の生産体制に大きな影響を与えるはずです。

　ダメ文は、一文が長いうえに、修飾語の関係も不明瞭です。

　一方、原則②の「節を含む修飾語 → 句の修飾語」に従って、修飾語の順番を入れ替えたのが修正文1です。ダメ文と比べると、ずいぶん意味が理解しやすくなりました。

　なお、より「伝わる文章」を目指すなら、以下の修正文2のように「文章の分割」と「主語と述語の見直し」を行ってもいいでしょう。

【修正文2】　極めて小さいその傷は、製造ラインの不具合によって作られたものです。その傷は、今後の生産体制に大きな影響を与えるでしょう。

　原則はもちろん大事なものですが、原則を適応すればオールOK ではありません。いつでも優先されるべきは、相手にとっての「読みやすさ」と「理解のしやすさ」です。書き手は、そのために工夫を凝らさなければいけません。

07 「重要な情報」は先に伝える

　メールは「重要な情報」から順番に書くのが原則です。「重要な情報」を後回しにすると、誤解やミスを招きやすくなります。

> 3月4日（水）の13時に、A社の山本さんがお見えになります。
> 対応は、私とマネージャーがします。
> 13時〜15時で会議室の予約をお願いします。

　上司が部下に送ったこのメール。文中で「最も重要な情報」は以下（ア）〜（ウ）のどれでしょうか？

- （ア）　A社の山本さんが会社に来ること
- （イ）　私とマネージャーが対応すること
- （ウ）　会議室を予約すること

　いずれも重要な情報には違いありません。しかし「最も重要な情報」が、部下への指示（ウ）であるなら、以下のような文章にする必要があります。

> 3月4日（水）の13時〜15時で、会議室の予約をお願いします。
> A社の山本さんがお見えになります。（※）
> 対応は、私とマネージャーがします。

※「お見えになる」は、「お〜になる」と「見える」というふたつの尊敬語を重ねた「二重敬語」ですが、その使用が許容されています（58項参照）。

冒頭で「最も重要な情報」を伝えたこのメールであれば、誤解を招く確率が低くなります。 書き方は「会議室の予約をお願いします。3月4日（水）の13時〜15時です。」でもいいでしょう。

> 【例文1】 今週中に、製造ラインの不具合を改善願います。
> また、ベルトコンベアの速度アップを視野に入れて、パートの増員も検討してください。
> なお、9月2日（火）に、本社検査部の視察が入ります。

> 【例文2】 9月2日（火）に、本社検査部の視察が入ります。
> つきましては、今週中に、製造ラインの不具合を改善願います。
> また、ベルトコンベアの速度アップを視野に入れて、パートの増員も検討してください。

　　複数ある情報の重要度の「高い・低い」によって、例文1と例文2のどちらが適切な書き方かが変化します。
「本社検査部の視察が入る」ことが補足的な情報であれば例文1の書き方で構いません。一方、「本社検査部の視察」に備えて「製造ラインの不具合改善」や「パートの増員」を行うのであれば例文2の書き方がベターです。

■ 例文1の重要度（高い→低い）
「ラインの不具合改善」→「パート増員の検討」→「視察が入る」
■ 例文2の重要度（高い→低い）
「視察が入る」→「ラインの不具合改善」→「パート増員の検討」

08 「二重否定」を避けて、好印象を勝ち取る

　あなたは、仕事で使う文章に「二重否定」を多用していませんか？もし多用しているとしたら、注意が必要です。

　二重否定とは、「否定×否定＝肯定」の形をしている言葉のこと。否定を重ねることによって"まわりくどい肯定"や"否定に近い肯定"という微妙なニュアンスを伝えることができます。

　断言したくないときや、言い逃れしたいとき、相手を煙に巻きたいときに重宝します。よく言えば「繊細な表現」ですが、TPOを見誤ると「不誠実」「逃げ腰」「卑怯」と思われかねません。

【修正文】納期面での懸案事項がクリアできるなら、喜んで協力します。

　二重否定特有の微妙なニュアンスを「納期面での懸案事項がクリアできるなら」という具体的な言葉で表現。そのうえで「協力します」という肯定文を続けました。煮え切らないダメ文に比べると、書き手の意思や考えが明確に伝わってきます。

【ダメ文】実行しないとも限りません。
【修正文】条件が整えば実行いたします。

> 【ダメ文】提案しないわけではありません。
> 【修正文】ご要望があれば、提案いたします。

　二重否定を言い換えるときは、ただ機械的に肯定表現に変更すればいいわけではありません。前述のとおり、そもそも二重否定は、「言い逃れ」のニュアンスを含んでいます。したがって、場合によっては、修正時に、その弱気なマインドにメスを入れる必要も出てきます。**肯定文を使うということは、"弱気"や"ズルさ""不誠実さ"を退治して、自分の言葉に責任を持つことです。**

> 【ダメ文】明日の正午に間に合わないこともありません。

> 【修正文1】明日の正午に間に合うかもしれません。

　二重否定を用いたダメ文と、肯定表現を用いた修正文。表現こそ変化しましたが、「間に合うかどうかわからない」という"煮え切らない"ニュアンス自体は変化していません。

> 【修正文2】なんとかして明日の正午に間に合わせたいです。

　弱気なマインドにメスを入れて、書き手の"前向きな意思"を表現しました。このニュアンスであれば、相手も意気に感じてくれるのではないでしょうか。
　二重否定という逃げを選ぶか、肯定文で誠実さを伝えるか、選ぶのはあなた次第です。

「受動態」ではなく
「能動態」を使う

「れる」や「られる」など、受動態（受け身）の使用には注意が必要です。なぜなら、受動態の場合、主語があいまいになり、内容がぼやけやすくなるからです。とくに実務的な文章に受け身を使うと、読む人に無責任な印象をもたれかねません。

【受動態】 今回の展示会でスローガンに**掲げられて**いるのは「環境との共存」です。

【能動態】 今回の展示会でスローガンに**掲げて**いるのは「環境との共存」です。

どちらも同じことを述べていますが、**説得力や信頼性の高さという点では、能動態の文章に軍配があがります。**

「掲げられている」という受け身表現は、どこか他人行儀で、当事者意識に欠けます。

■ **受動態**

文章構造が複雑になりがち／抽象的・客観的な印象／説得力に欠ける／書き手が責任を負っていない（ように見える）

■ **能動態**

文章構造がシンプル／具体的・主観的な印象／説得力がある／書き手が責任を負っている（ように見える）

> 【ダメ文】先月リリースされた商品Ａが、よく売られています。
> 【修正文】先月リリースした商品Ａが、よく売れています。

> 【ダメ文】キャンペーンが開始された。
> 【修正文】キャンペーンが始まった。

> 【ダメ文】準備されてある資料に手を入れます。
> 【修正文】準備してある資料に手を入れます。

　そもそも、受け身の文章は、能動態に比べて文章が回りくどくなりがちです。しかも、「れる」「られる」の表現は、「可能」「自発」「尊敬」などの意味で使われることもあるため、より混乱しやすくなります。

　たとえば、「教授は現場を見られません」という文章は、「尊敬」とも「可能」とも取れる表現です。ふたつの意味に受け取れてしまう文章は、読者に対して不親切です。

■ 尊敬
「見ない」に、尊敬の意味を加えて「見られない」
■ 可能
何かしらの事情で見ることができないという意味で「見られない」

　客観性を装う必要のある文章（論文など）では受動態が適しているケースもありますが、仕事で使う文章の場合、特段の狙いや理由がない限り、能動態で書くようにしましょう。

10 同じ情報は分断させずに まとめて書く

　情報が整理されていない文章は、読み手に混乱を与えます。

【ダメ文】昨日行われたＡ社の最新ミニバン○○のマスコミ向け試乗会のご報告です。所見としては、残念ながら乗り心地が今ひとつでした（ふわふわしすぎ）。エンジン性能が高く、馬力もトルクも最高。高速走行はストレスフリーでした。サスペンションが柔らかすぎるのかもしれません。

　クルマの試乗会の報告メールです。論理は破綻していませんが、書き手が頭に思い浮かんだ順に書いた結果、情報が整理されていません。この文章に盛り込まれた情報は以下の２点です。

　良かった点：エンジン性能、高速走行、燃費
　悪かった点：乗り心地（サスペンション）

　「良かった点」と「悪かった点」を整理して修正してみます。

【修正文】昨日、Ａ社の最新型ミニバン○○のマスコミ向け試乗会に行ってきました。所見としては、残念ながら乗り心地が今ひとつでした（ふわふわしすぎ）。サスペンションが柔らかすぎるのかもしれません。一方で、エンジン性能は高く、馬力もトルクも抜群。高速走行はストレスフリーでした。

「悪かった点 → 良かった点」の順番で書きました。「悪かった点 → 良かった点 → 悪かった点」の順番になっていたダメ文と比べると、それぞれのポイントが負担なく頭に入ってきます。
「一方で」と接続詞を入れることで、情報の境目も明確になりました。

【ダメ文】顧客への記名式アンケートはお勧めできません。**自分の名前を書くことによって本音が言いづらくなるからです。弊社が記名式を採用しない理由はそこにあります。**なかには、よく思われようと心にもないウソを書く人もいます。

【修正文】顧客への記名式アンケートはお勧めできません。**自分の名前を書くことによって本音が言いづらくなるからです。**なかには、よく思われようと心にもないウソを書く人もいます。**弊社が記名式を採用しない理由はそこにあります。**

　記名式アンケートを採用しない理由は「本音が言いづらい」と「ウソを書く人もいる」という2点です。
　ダメ文では、このふたつの理由を分断する形で「弊社が記名式を採用しない理由はそこにあります」という"まとめ"が挟まれています。一方、修正文では、ふたつの理由を書き終えてから"まとめ"を書いています。流れがスムーズなのは修正文です。
　長い文章になればなるほど、同一情報が散らばることによるリスク（理解度低下）が大きくなります。十分に注意しましょう。

「品詞」と「言葉の使い方」を そろえる

11

複数の情報を伝えるときや、比較や対比の情報を伝えるときには品詞をそろえましょう。品詞とは、動詞、形容詞、副詞、名詞……など、文法上の働きや性質の違いによる分類です。

> 【ダメ文】営業マンに必要な資質は、商品を説明する力を持っている、コミュニケーションを図る能力、粘り強く対応する、という3点です。

かろうじて意味は伝わるものの、頭に入ってきにくい文章です。品詞がそろっていないのが原因です。

> 【修正文1】営業マンに必要な資質は、商品を説明する力、コミュニケーションを図る力、粘り強く対応する力の3点です。

3つの要素をすべて「〜する力」という言葉で統一しました。ダメ文と比べると、理解度が一気に増しました。
以下のように、言葉をもっとシンプルにすることもできます。

> 【修正文2】営業マンに必要な資質は、商品説明力、コミュニケーション力、粘り強い対応力の3点です。

また、比較や対比の文書を書くときには、構図をはっきりさせ

るために、「言葉の使い方」をそろえることも大切です。

　以下①〜③のうち、最も論理的で理解しやすいのは、どの文章でしょうか？

　①人件費がかからないサービスは価格が**安く**、人件費がかかるサービスは価格が**それなりにする**。

　②人件費がかからないサービスは価格が**安く**、人件費がかかるサービスは**目を見張る**価格だ。

　③人件費がかからないサービスは価格が**安く**、人件費がかかるサービスは価格が**高い**。

　最も論理的で理解しやすいのは「安く⇔高い」の対比が明確な③です。①は「安く⇔それなりにする」が、②は「安く⇔目を見張る」が対等な対比になっていません（言葉の使い方として）。**対比関係が明確でないと、論理性も下がってしまいます。**

■ 対比関係にある言葉（一例）

高い⇔低い	大きい⇔小さい	多い⇔少ない	遠い⇔近い
濃い⇔薄い	伸びる⇔縮む	重い⇔軽い	勝る⇔劣る
上げる⇔下げる	拡大⇔縮小	深い⇔浅い	上昇⇔下降
強まる⇔弱まる	速い（早い）⇔遅い	増える（増加）⇔減る（減少）	

「こそあど言葉」に依存するのは危険！

　仕事で文章を書くときに「これ」「それ」「あれ」「どれ」などの「こそあど言葉」を多用するのは危険です。

「こそあど言葉」がどの言葉を指しているのかが明確でない場合、大きな誤解やミス、トラブルに発展する恐れがあるからです。

【ダメ文】昨日、小林専務と「人材育成システム」の改善について意見交換しました。**それ**が本当に必要かどうかを判断するために、明日、現場スタッフへの聴き取り調査と部署内会議を行います。**その**結果については、１週間後に発表します。

　「それが本当に必要かどうか」の「それ」は、何を指しているのでしょうか？「人材育成システム」なのか、それとも「改善」なのか。

　また、「その結果」の「その」は、何を指しているのでしょうか？聴き取り調査の結果なのか、部署内会議の結果なのか……よくわかりません。

【修正文】昨日、小林専務と「人材採用システム」の改善について意見交換しました。**改善**が本当に必要かどうかを判断するために、明日、現場スタッフへの聴き取り調査と部署内会議を行います。**それら**の結果については、１週間後に発表します。

「それ」を「改善」という具体的な言葉に置き換えました。また、「聴き取り調査」と「部署内会議」の両方を指すよう、「それ」は「それら」に変更しました。この文面であれば、読み手が戸惑うことはないでしょう。

「こそあど言葉」を使うときは、十分に検討する必要があります。使っていいのは「確実（100%）に伝わる」と判断した場合のみ。誤読の余地があるなら、言い換えを検討しましょう。

> **【ダメ文】**商品名変更の権利と独占販売の権利を取得しました。**それら**は 50 万円以上しました。

「それらは」が「商品名変更の権利」と「独占販売の権利」を指していることはわかりますが、「50 万円以上」が、それぞれなのか、両方の権利を合わせてなのかがはっきりしません。読む人がスムーズに理解できるよう修正してみます。

> **【修正文１】**商品名変更の権利と独占販売の権利を取得しました。**それぞれ** 50 万円以上しました。

> **【修正文２】**商品名変更の権利と独占販売の権利を取得しました。**合わせて** 50 万円以上しました。

「それら」を「それぞれ」や「合わせて」に変更しました。この文面であれば、読む人が理解し損ねる心配はありません。

13 「冗長メール」よりも「簡潔メール」が喜ばれる

　仕事で使うメール、とくに、連絡事項など情報の伝達を目的とするメールでは、余計な情報を書きすぎてはいけません。

> 【ダメ文】明日 16 時にお約束しているお打ち合わせの件ですが、誠に申し訳ございませんが、30 分ほど開始時間を遅らせていただくことは可能でしょうか。14 時～ 15 時に都内で弊社のクライアントと打ち合わせを予定していますが、打ち合わせ相手の帰京が遅れて、打ち合わせ開始が 14 時 30 分～にずれ込みそうなめです。なんでも、飛行機の予約時にフライト時間を勘違いして把握していたようなのです。ご確認いただければ幸いです。

　打ち合わせを約束していた相手に送ったメールです。冒頭で要件を伝えたまではよかったものの、その後、くどくどと余計な情報を書き連ねています。読んでいて少しイラっとくる冗長さです。
　必要な情報だけ抽出して再構成してみましょう。

> 【修正文】明日 16 時にお約束しているお打ち合わせの件ですが、誠に申し訳ございませんが、30 分ほど開始時間を遅らせていただけますでしょうか。直前の打ち合わせが、先方の事情で 30 分ほど後ろ倒しになるためです。ご確認いただければ幸いです。

　100 文字以上あった文章を、約 30 文字にまとめました（あみ

かけ部分)。**相手との関係性や状況にもよりますが、ビジネスシーンでは、このくらいコンパクトに書いた文面のほうが好まれます。**

【ダメ文】納期に間に合わないかと心配しましたが、昨夜、大変お忙しいＡ研究所の中村先生に、丁寧に原稿をチェックいただきました。しかも、思った以上に返信がスピーディで驚きました。いただいた原稿のなかで３点ほど細かい加筆がありましたが、誌面作りに影響を与えるほど大きな修正点はございません。このまま印刷に回していただければ、とくに問題ありませんのでお願いいたします。

【修正文】昨夜、Ａ研究所の中村先生に原稿をチェックいただきました。３点ほど細かい加筆がありましたが、大きな修正点はございません。このまま印刷に回していただけますか。よろしくお願いいたします。

　原文のあみかけ部分を削りました。文量は半分ほどになりましたが、かといって情報不足な印象は受けません。また、原文よりも、はるかに読みやすく、内容も頭に入ってきやすくなりました。

　あみかけ部分には「不必要な情報」「ムダな修飾語」「くどい言い回し」などが含まれています。書き手が"よかれ"と思って書いたとしても、その文面が、読む人の負担になれば本末転倒です。

　必要にして十分な6W3Hを盛り込みながらも、決して冗長にはしない。この絶妙なさじ加減、バランス感覚こそが、仕事で書く文章には求められます。

読点（テン）は「意味に応じて打つ」が基本

　読点（テン）の打ち方ひとつで、意味が変化することがあります。テンは自由に打つものではなく、意味に応じて打つものです。

> 【ダメ文】 弊社は「共生社会の実現」を使命に働く女性を応援している。

　「共生社会の実現」を使命にしているのは、「弊社」でしょうか？それとも「女性」でしょうか？読点が打たれていないこの文章では、はっきりしません。

「共生社会の実現」を使命にしているのが「弊社」の場合は、以下のように読点を打ちます（修正文2は語順の入れ替えも実施）。

> 【修正文1】 弊社は「共生社会の実現」を使命に、働く女性を応援している。

> 【修正文2】 「共生社会の実現」を使命に、弊社は働く女性を応援している。

　一方、「共生社会の実現」を使命にしているのが「女性」の場合は、次のように読点を打ちます（修正文4は語順の入れ替えも実施）。

【修正文3】弊社は、「共生社会の実現」を使命に働く女性を応援している。

【修正文4】「共生社会の実現」を使命に働く女性を、弊社は応援している。

　なお、「読点は意味に応じて打つ」という基本に加えて、以下9つのポイントも押さえておきましょう。

① 長い主語のあとに打つ
赤坂にある老舗の懐石料理店が、8月31日で閉店する。

② 冒頭にくる接続詞や副詞のあとに打つ
ところが、A社はコンペの参加を辞退した。

③ 接続助詞のあとに打つ
（※接続助詞：ば・から・ので・て・が・のに・けれど・ても・し……など）
準備には万全を期したが、結果はかんばしくなかった。

④ 条件や限定を加える語句のあとに打つ
帰国していれば、会合に出席します。／　雨が止んだら、再開する。

⑤ 時間や場面が変わるところに打つ
条件を提示したところ、急に相手の顔色が変わった。

⑥ 複数の情報を並べるときに打つ

お金を貯め、人脈を作り、仕事に打ち込む。そんな毎日だった。
／ 社内における人材育成と、新たな市場開拓が課題だ。

⑦ カギ括弧の代わりに打つ

高すぎる人件費をなんとかしたい、と店長は訴える。

⑧ 独立語のあとに打つ

（独立語：ああ、ねえ、もしもし、そう、うん、いいえ……など）
えーっ、小林が合格したって？／ はい、連絡しておきます。

⑨ ひらがな（カタカナ／漢字）が続いて読みにくいときに打つ

次回こそ、そのサービスを～／ 将来、本社勤務の中澤が～

「読点が多いのと少ないとでは、どちらの文章がいいのでしょうか？」。ときどき、そのような質問を受けますが、その質問自体がナンセンスです。そもそも読点は「多い・少ない」で考えるものではありません。

　意味が理解しやすく、読みにくさもなければ、わざわざ読点を打つ必要はありません。

　一方で、読点を打たないことで、意味が理解しにくくなったり、読みにくくなったりするようなら、それらのリスクを避けるための読点を打つ必要があります。

　大切なのは、読点の量ではなく、読む人にとっての「理解のしやすさ」と「読みやすさ」だと心得ておきましょう。

15 「専門用語」と「カタカナ用語」に要注意？

　社内やチーム内で当たり前のように使っている専門用語やカタカナ用語（ビジネス用語）を、外部向けのメールに使っていませんか？相手がその意味を理解していない場合、正しく内容が伝わらないだけでなく、誤解を招く恐れもあります。

【ダメ文】表面のロゴをエンボスで仕上げることもできます。

「エンボス」という文字を見た瞬間に、受信者が「何それ？」と思うとしたら、安易に専門用語を使った書き手の責任です。
　ちなみに、「エンボス」とは、印刷の専門用語。書き手は、「エンボス」という言葉を使わずに伝えるか、あるいは、意味を補足して伝える必要があります。

【修正文】表面のロゴをエンボス（浮き上がらせる加工）で仕上げることもできます。

　この文面であれば、読み手は一応のイメージを把握できます。

【ダメ文】その場合は MNP を選ぶこともできます。

【修正文】その場合は、電話番号をそのままに他キャリアに乗り換えることができる「MNP」を選ぶこともできます。

言葉というのは、共通認識のうえに成り立っています。とくに専門用語の多い業界の人は、そのつど「メールを送る相手はこの言葉の意味を知っているだろうか？」と考える必要があります。

　なお、専門用語と同じく気をつけなければいけないのがカタカナを使ったビジネス用語です。

× メイクセンスしました	○ 理解しました
× プライオリティが低い	○ 優先順位が低い
× パラで進めていきます	○ 同時進行で進めていきます
※パラ＝パラレル	
× シナジーに期待します	○ 相乗効果に期待します
× オンスケです	○ 予定どおり進んでいます
× イシューを明確にする	○ 課題を明確にする
× 会議の内容をサマります	○ 会議の内容を要約します
※サマる＝サマリーする	
× 時間にバッファをもたす	○ 時間に余裕をもたす
× マスタープランを立てる	○ 基本計画を立てる

　共通認識を持つ者同士でやり取りするときには、ビジネス用語は大変重宝します。一方で、その用語を知らない人にとっては、意味不明な記号のようなものです。**自分の知らないビジネス用語を使われると「不快感」を抱く人もいます。**相手を見極めて臨機応変に使いましょう。

なお、立教大学経営学部の学生と株式会社ネオマーケティングが共同で行った「カタカナ語に関する調査」（※）によると、質問「あなたが不快に思う『カタカナ語』をお答えください」への回答結果は以下のとおりでした。

1位：アグリー＜ 10.4%＞　2位：アジェンダ＜ 9.6%＞
3位：コミット（コミットメント）＜ 9.3%＞
4位：イニシアチブ＜ 7.4%＞　5位：エビデンス＜ 7.1%＞

　それぞれ意味は、「アグリー＝賛成」「アジェンダ＝議題」「イニシアチブ＝主導権」「エビデンス＝証拠・根拠」です。なかでも難敵なのが「コミット（コミットメント）」で、「委託」「委任」「言質」「約束」「公約」「義務」「関わり合い」など多様な意味で使われています。誤解が生じないほうが不思議なくらいです。

　ちなみに、別の質問「あなたが、『カタカナ語』を不快に思う理由をお答えください」への回答結果は——1位：意味がわかりづらいから（55.2%）／2位：日本語の方が伝わりやすいから（45.1%）／3位：自分をかっこよく見せようとしているのを感じるから（32.3%）——でした。このような結果も踏まえつつ、改めて、カタカナのビジネス用語の使用の有無を検討するといいでしょう。

※ 2016 年実施・調査の対象は、アイリサーチ登録モニターのうち、全国の 20 代～ 50 代の自分または周りが「カタカナ語」を使う社会人。有効回答数は 1000 名（20 代～ 50 代の男女）。

16 二通りの意味にとれる文章を書くな！

　読む人に「どっちの意味？」と思われてしまう文章は悪文です。取り返しのつかないミスにつながる恐れもあります。

【ダメ文】　田村課長は出かけていませんでした。

【修正文1】田村課長は、会社にいました。

【修正文2】田村課長は、外出中でした。

　ダメ文では、田村課長が「いた」のか「いなかった」のかがよくわかりません。前者なら修正文1、後者なら修正文2のような書き方をする必要があります。

【ダメ文】　商品Aは商品Bのように話題にならない。

【修正文1】商品Aは、商品Bほどは話題にならない。

【修正文2】商品Aは、商品Bと同じく話題にならない。

　ダメ文にある「のように」というフレーズが曲者です。この文面では、そもそも商品Bが「話題になった商品」なのか、「話題にならなかった商品」なのかがわかりません。前者なら修正文1、後者なら修正文2のような書き方をする必要があります。

**　二通りの意味にとられてしまう文章を書いたことに気づいたときは、句読点の打ち方や言葉の選び方、表現方法などを工夫して、誤解や誤読を招かない文章にしましょう。**

第**2**章

相手が迷わない
伝わるメールの書き方

17 用件がわかる「件名」を書く

　メールを書くときに必ず書くのが「件名」です。メールの"要"ともいえる件名ですが、その重要性に気づいていない人や、その書き方を疎かにしている人が少なくありません。

> 件名：鈴木です
>
> 件名：おはようございます
>
> 件名：ご連絡です
>
> 件名：ご迷惑をおかけしております

　いずれの件名も、メールの内容が想像つきません。読む人に何も情報を伝えていない「悪しき件名」です。
　悪しき件名には、以下のようなデメリットがあります。

◆ 内容がよくわからないので、開封が後回しにされる。

◆ 迷惑メールと勘違いされる。また、その結果、ゴミ箱や迷惑メールフォルダーに入れられてしまう。

◆「不親切な人」「マナー知らず」と思われてしまう。

◆ 検索に引っかからないため、相手があとで探しにくい。

◆「このメール、何だっけ？」と、相手に何度もムダにクリックさせてしまう。

◆ 同じ件名でくり返しやり取りする場合、そのつど、相手に「このメールはなんだっけ？」と頭を使わせてしまう。

理想的なメールの件名は、そのメールの内容を簡潔に示せているものです。

件名：明日（17日）の新サービス発表会の詳細確認
件名：小冊子『くらしイズム』の誤字訂正の件
件名：（株）メンビーの工場ラインの不具合の件
件名：富士見市アシスト事業・企画プレゼン概要
件名：商品Aのユーザーアンケート調査（項目案）
件名：春のスポーツキャンペーンのラフ案（3点）

　このように具体的に書いた件名であれば、メール受信者に頭を使わせることはありません。あとで探すときにも、検索や目視で苦労せずにできます。

　一日に何十通、数百通とメールを受信する人であれば、件名だけを見て、開封や返信の優先順位をつける人もいます。端的かつ具体的に書かれた件名であれば、忙しい受信者に余計な負担や手間をかけさせることがありません。

　件名の冒頭に【至急！】【緊急！】【要返信！】【重要！】などの文字を入れる人がいますが、この書き方はあまり感心しません。どこか自分勝手で、押し付けがましい印象を与えるからです。社内の決まり事（ルール）として使うのでなければ、避けたほうがいいでしょう。

　自分がもらって嫌な書き方は相手にもしない。当たり前のことですが、その初心を忘れずに件名を書きましょう。

18 「よろしくお願いいたします」の落とし穴？

　メールの結びでよく使われる「よろしくお願いいたします」は、使い勝手がいい反面、落とし穴もあります。相手に何かしらの行動を望むときは、具体的な言葉で促す必要があります。

【ダメ文】企画書をお送りいたします。
お手数ですが、よろしくお願いいたします。

　相手とあらかじめ意思疎通が図れているのであれば、この書き方でも問題はないでしょう。あうんの呼吸で真意を汲みとって、具体的なアクションを起こしてくれるはずです。
　一方で、相手が「お願いしますって……何が？」「この資料をどうしろと？」と思った場合、この文面は残念ながら「伝わらない文章」の仲間入りです。

【修正文1】企画書をお送りいたします。
内容をご確認のうえ、忌憚のないご意見をいただければ幸いです。
お手数ですが、よろしくお願いいたします。

【修正文2】企画書をお送りいたします。
内容をご確認のうえ、大谷さんにご転送ください。
お手数ですが、よろしくお願いいたします。

> 【修正文３】企画書をお送りいたします。
>
> ２０部印刷のうえ、明日の会議にお持ち願います。
>
> お手数ですが、よろしくお願いいたします。

　このように、もしも、相手に何かしらの行動を期待しているなら、「よろしくお願いいたします」だけで済ませてはいけません。相手の行動を促す「具体的な言葉」を添える必要があります。

> △ 上記のとおり懇親会を開催します。よろしくお願いいたします。
> ○ 上記のとおり懇親会を開催します。お手数ですが、明日（３日）の正午までに出欠のご返信をいただければ幸いです。よろしくお願いいたします。

> △ Ａ〜Ｃの３案を用意しました。よろしくお願いいたします。
> ○ Ａ〜Ｃの３案を用意しました。コンセプトに最適な案をお選びください。よろしくお願いいたします。

　言うまでもありませんが、「具体的に指示すること」と「命令すること」は似て非なるものです。明確に指示しながらも、言い回しには気を配る必要があります。**相手の行動を促すメールを書くときは「明確さ」と「配慮」のバランスが求められます。**

　以下に、目的別の結びフレーズを紹介します。

＜定番のあいさつ＞

◆ 以上、（何卒）よろしくお願い申し上げます。

◆ ご確認（ご査収／ご検討／ご協力／ご対応）のほどよろしくお願いいたします。

◆ よろしくご検討（ご確認）ください。

◆ では（それでは）、失礼いたします。

◆ では（それでは）、またご連絡いたします。

◆ 引き続き、よろしくお願いいたします。

＜返信を望む＞

◆ ご連絡をお待ちしております。

◆ メールでご回答いただけると助かります。

◆ ご連絡いただけると助かります。

＜返信は無用＞

◆ なお、返信はご無用です。

◆ ご確認いただければ、返信はご無用です。

◆ とくに問題がなければ、ご返信にはおよびません。

◆ 何かご不明な点等ございましたら、お知らせください。

＜相手の行動を望む＞

◆ ご確認（ご査収／ご検討／ご協力／ご対応）くださいますようよろしくお願いいたします。

◆ ご教示願えれば幸いです。

◆ ご都合をお知らせいただけると幸いです。

◆ 忌憚のないご意見をいただけると幸いです。

◆ 早急にご対応いただきますようお願いいたします。

＜相手に気遣いを示す＞

◆ くれぐれもご自愛くださいませ。

◆ ○○を楽しみにしております。

◆ ○○の成功（大盛況）を心よりお祈りしております。

＜相手との良好な関係性を示す＞

◆ 今後ともよろしくお願いいたします。

◆ 今後ともお引き立て（ご愛顧）のほどよろしくお願いいたします。

◆ 引き続きお力添えいただけますよう、お願い申し上げます。

◆ 今後ともご指導ご鞭撻のほどよろしくお願いいたします。

◆ またお会いできる日を楽しみにしております。

＜取り急ぎ＞（※）

◆ 取り急ぎご連絡（ご報告／お礼／お返事）まで。

◆ 取り急ぎご確認のお願いまで。

◆ まずは要件のみで失礼いたします。

◆ まずはお礼申し上げます。

◆ まずはメールにてお礼かたがたご報告まで。

◆ まずは謹んでご案内申し上げます。

※「取り急ぎ」は、報告やお礼、お詫びなどに用いる言葉です。「取り急ぎ、ご回答いただけますか」などという使い方をすると、相手から無礼と思われかねません。十分に注意しましょう。

19 結論はメールの冒頭で示す

　仕事で使うメールでは、結論を先延ばしにする"もったいぶった書き方"は禁物です。冒頭で結論を伝えるよう心がけましょう。

【ダメ文】7日は朝から大阪へ行き、お客様の店舗を3件回ったのち、大阪支社で事務処理を済ませてから帰京します。もしかすると、帰京が20時を過ぎるかもしれません。**せっかくのお誘いですが、今回は参加を見送らせていただきます。**

　おそらく、相手が知りたいのは「参加できるのかどうか」の一点ではないでしょうか。このようなシチュエーションでは、くどくどと屁理屈や言い訳を並べる前に、結論を伝えなければいけません。

【修正文】せっかくのお誘いですが、今回は参加を見送らせていただきます。7日は朝から大阪出張で、帰京が20時を過ぎるためです。

　このように、冒頭で「参加 or 不参加」の結論を伝えることが大切です。言い訳がましくならないよう、不参加の理由も簡潔に済ませましょう。「不参加の理由」は、受信者にとって、重要ではありません（関心のない人がほとんどでしょう）。

　メールを書くときには、「相手がいちばん何を知りたがってい

るか？」について、よく考えましょう。自分が書きたいことではなく、相手が知りたがっていることを書かなくてはいけません。

【ダメ文】弊社サービスのターゲットが 40 代の主婦である一方、Ａ社のプラットフォームは 20 代の男性が大半を占めています。ある程度、見せ方を工夫するとしても、アンマッチ感を拭い去るのは難しいかと思います。したがって、**個人的には反対の立場を取らせていただきます。**

【修正文】**個人的には反対の立場を取らせていただきます。理由はターゲットのアンマッチです。**弊社サービスのターゲットが 40 代の主婦である一方、Ａ社のプラットフォームは 20 代の男性が大半を占めています。ある程度、見せ方を工夫するとしても、アンマッチ感を拭い去るのは難しいかと思います。

　とくに初めての相手に送るメールは、往々にして長くなりがちです。自己紹介が長く書かれていたり、メールを送った経緯がこってりと述べられていたり……。これでは受信者はフラストレーションがたまる一方です（忙しい人はとくに）。

　どんなメールであれ、要件（結論）が冒頭で書かれていないものは「ダメメール」です。

　初めに要件を伝えておけば、読む人は「なるほど、そういう要件ね」と続きの文章（詳細）を読む心構えができますし、実際に内容が頭に入りやすくなります。冒頭で結論を示すというのは、文章の理解度を最大限に高めるという意味でも賢い方法なのです。

20 複数の用件は「箇条書き」で書く

　ひとつのメールのなかに複数の情報を盛り込むときは、相手が
ポイントを理解しやすいように箇条書きを活用しましょう。**箇条
書きにすることで、相手が情報を見落とすリスクが減ります。**

【ダメ文】小冊子発行の件ですが、部数と発行日と販売価格を教え
ていただけますでしょうか。また、各店舗には何冊ずつ配布予定
でしょうか。お手数ですが、ご確認いただけると助かります。

　このメールには、4つの質問が盛り込まれていますが、本文中
に雑然と書かれているため、相手が見落とす恐れがあります。

【修正文】小冊子発行の件で、質問が4点ございます。

（1）発行部数
（2）発行日
（3）販売価格
（4）各店舗に配布される冊数

以上、お手数ですが、ご確認いただけると助かります。

　ダメ文と比べたときの「読みやすさ」は一目瞭然ではないでしょ
うか。4つの質問を箇条書きにした修正文であれば、相手が大事

なポイントを見落とすこともなく、返信もしやすいはずです。

【ダメ文】本日の会議で決定したのは、商品Aのラインアップをレトロとアーバンの2種類用意することと、パッケージデザインを「REECH」の茂木氏に依頼すること、また、8月1日よりネット上でテストマーケティングを実施することなどです。

また、商品Bの価格を1200円→1000円に変更することも、併せて決定しました。ご確認のほどよろしくお願いいたします。

【修正文】本日の会議の決定事項をお知らせいたします。

（1）　商品Aについて
・ラインアップは、レトロとアーバンの2種類を用意
・パッケージデザインは、「REECH」の茂木氏に依頼
・8月1日よりネット上でテストマーケティングを実施

（2）　商品Bについて
・価格を1200円→1000円に変更

以上です。ご確認のほどよろしくお願いいたします。

複数の情報が入り組んでいるときは、この例文のように、わかりやすく項目分けしたうえで、箇条書きを活用しましょう。箇条書きをうまく使える人は、伝わるメールが書ける人です。

21 「堅苦しい言い回し」は、「やさしい言い回し」に変える

　堅苦しい表現を使って得意顔……という文章を書いていませんか？仕事で求められるのは堅苦しい表現ではなく、誰でもストレスなく理解できる「やさしい表現」です。

【ダメ文】可及的速やかに解決します。

　「可及的速やかに」とは、どういう意味でしょうか？　「可及的」とは、「なるべく」とか「できる限り」という意味です。言葉を具体的にした以下の修正文のほうが、伝わりやすく、理解しやすい文面です。

【修正文】今晩中に解決します。

　漢語調の表現を含め、堅苦しい表現は修正対象です。

【ダメ文】換言すれば〜
【修正文】言い換えれば〜

【ダメ文】逐一報告する。
【修正文】そのつど報告する。

【ダメ文】競争が激化する**公算**が大きい。

【修正文】競争が激化する可能性が高い。

【ダメ文】お送りいただければ**幸甚**です。

【修正文】お送りいただければ幸いです。

【ダメ文】意見の一致を**見ました**。

【修正文】意見が一致しました。

【ダメ文】変更が**不可避**な状況のため〜

【修正文】変更が避けられない状況のため〜

【ダメ文】消費者**たる**主婦の人たちに〜

【修正文】消費者である主婦の人たちに〜

なお、「名詞＋する」、つまり、「熟語の動詞」を使いがちな人も注意が必要です。熟語の動詞には、簡潔さという長所がある反面、読む人に堅苦しい印象を与えやすいからです。**シチュエーションによっては、やさしい表現への言い換えを検討しましょう。**

決定する→決める	入手する→手に入れる	開催する→開く
活用する→使う	確認する→確かめる	激励する→励ます
行動する→行う	分割する→分ける	考察する→考える
援助する→助ける	軽減する→減らす	低下する→下がる
比較する→比べる	接続する→つなぐ	作成する→作る

22

指示するときは「肯定的」な表現で書く

① 平凡で説得力のないアイデアはいりません。

② 斬新で説得力のあるアイデアを求めています。

　上司から届いたメールです。あなたが部下なら、①と②のどちらの言葉のほうが、気持ちよく受け入れられますか？

　おそらく②でしょう。①には「平凡」「説得力のない」「いりません」などの否定的な表現が使われています。人によっては「傲慢」「高圧的」「冷たい」と感じる人もいるでしょう。

　②は「斬新」「説得力のある」「求めています」などの肯定的な表現が使われています。部下を鼓舞しようという姿勢が伝わってきます。言い方を工夫するだけで、受ける印象は変わります。

■ 相手の心理：否定的な表現の場合

モチベーションが下がる／テンションが下がる／
嫌な気持ちになる／拒みたくなる／悪意を抱く

■ 相手の心理：肯定的な表現の場合

モチベーションが上がる／テンションが上がる／
嬉しい気持ちになる／受け入れたくなる／好意を抱く

　"指示する"ということは、相手に何かしらの成果を求めているはずです。その目的を達成するためには、相手のやる気を高め

る肯定的な表現を使ったほうが賢明です。

【ダメ文】ダラダラ作業するのはやめよう。
【修正文】テキパキと作業しよう。

【ダメ文】靴のまま入らないでください。
【修正文】靴をスリッパに履き替えてから入ってください。

【ダメ文】明日までに完成しなければ、大問題になるぞ。
【修正文】明日までに完成すれば、大手柄だぞ。

　もちろん、否定的な表現がまったく不要ということではありません。下記のような状況では有効です。

◆ 長らく肯定的な表現を使ってきたが、効果が得られなかった。
◆（相手の）性格的に否定的な表現のほうが響きやすい。
◆ 人命に関わる問題などで"恐怖心"を植え付ける必要がある。

　とはいえ、否定的な表現を使われると、多くの人が落ち込んだり、やる気をなくしたりします（行動や成果にもつながりにくくなります）。それどころか、癪に障って、抵抗や反撃に出る人もいます。そんな状況を作り出してしまっては本末転倒です。
　人間のやる気は、得てして「不快」のときよりも「快」のときに上がりやすいものです。誰かに何かを"指示する"ときには、その特性を踏まえた文章を書きましょう。

23

質問に答えるときは「イエス or ノー」を明確に

日本語の表現はとても繊細です。何かしらの回答を求められたときに、相手を傷付けない、あるいは、相手を怒らせないために、あいまいな返答をすることは誰にでもあるでしょう。

しかし、そのようなあいまいな返答が、相手を煙に巻くためのもの、あるいは、自分都合や保身のためだとしたら……イエローカードです。とくに明確な返答が求められる場面では、あいまいな返答をしないよう気をつけなければいけません。

以下は、懇親会への出欠を求められた際の返信メールです。

・なるべく参加したいと思います。

・うまくいけば参加できるかもしれません。

・参加する方向で調整してみます。

・今のところ参加が難しい状況です。

・不参加になる可能性もあります。

・現時点では何とも言えません。

いずれも、明確な参加表明でも、明確な不参加表明でもありません。要約するなら「参加できるかわかりません」という内容です。本人はそれでいいかもしれませんが、相手にとっては迷惑な返答です。参加人数が確定しなければ、段取りに滞りが生じます。

もしも、本当に「行きたいけど、現時点で参加表明できない」という場合は、どのような返答をすればいいのでしょうか。

> 誠に申し訳ございませんが、シフトの関係で、現時点で出欠をお伝えすることができません。明日（22日）の17時までには当日のシフトが確定しますので、それまで回答をお待ちいただけますでしょうか。決まり次第、ご連絡を差し上げます。

　現時点では出欠を決められない旨を伝えたうえで、期日を区切って「お待ちいただけますでしょうか」とお伺いを立てています。この返答であれば、相手がやきもきすることもないでしょう。

　世の中には、**軽々しく回答や意思表示を保留する人がいますが、「保留＝相手の時間を奪う行為」だと肝に銘じておきましょう。**保留している間に、相手の仕事（段取り）がストップしてしまう恐れがあるからです。

　回答や意思表示を頻繁に保留する人は、決断力のない人、責任感のない人、優柔不断な人とみなされます。そう思われて損をするのは書き手自身です。

　一方で、仕事ができる人の多くは、決断の大切さをよく知っているため、よほどのことがない限り保留の返答をしません。質問の返答を見れば、その人が信頼するに足る人なのかどうなのか、だいたいわかるものです。

「わかりません」「たぶん」「なるべく」「できる限り」「おそらく」「気がします」「かもしれません」など、ふだんから無自覚にあいまいな言葉を使ってる人は要注意です。

24

複数の質問に回答するときは「インライン回答」を検討する

　相手から来たメール文章の一部を引用したうえで、確認事項や質問事項に答えていくやり方を、俗に「インライン回答」といいます。

> 商品Ａの納期はいつになりますでしょうか。
> また、その際に、併せて商品Ｂ（５つ）もお送りいただくことは可能でしょうか。
> それと、新製品Ｃの価格を教えていただけますでしょうか。
> ご確認とご検討のほどよろしくお願いいたします。

　仮に、お客様からこのようなメールが送られてきたとします。この際、以下のような書き方が、通常の返信といえるでしょう。

> 商品Ａの納期は、当初の予定どおり７月２６日（火）です。
> その際に、商品Ｂ（５つ）も併せてお送りいたします。
> なお、新製品ＣはバージョンⅠが３万円、バージョンⅡが５万円（共に税込み）でございます。

　一方で、以下のようにインライン回答することも可能です。
　インライン回答では、確認事項や質問事項に対して、ひとつずつ回答していきます（引用の冒頭には引用符号が付きます）。確認事項や質問事項ごとに回答していくため、回答漏れのリスクが

減らしやすくなるというメリットがあります。

> 商品Ａの納期はいつになりますでしょうか。
当初の予定どおり７月２６日（火）です。

> また、その際に、併せて商品Ｂを（５つ）もお送りいただくことは
承知しました。商品Ｂ（５つ）も併せてお送りいたします。

> それと、新製品Ｃの価格を教えていただけますでしょうか。
新製品ＣはバージョンⅠが３万円、バージョンⅡが５万円（共に
税込み）でございます。

　ただし、業界や地域、会社によっては、「不要な引用は避ける
べき」という暗黙の了解が存在しているほか、「部分引用は失礼
にあたる」との考えで、インライン回答を使わない人もいます。
　したがって、インライン回答をするときには、メールの冒頭で
「インラインで失礼します」と断りを入れておきましょう。もし
かしたら、相手はインラインを嫌っているかもしれない、という
前提で布石を打っておいたほうが賢明です。
　なお、**たとえ、誤字脱字があっても、引用文を書き換えたり、
削除したり、加筆したりすることは許されません。**引用部の編集
は、ときとして大問題に発展しかねませんので注意が必要です。
　メールの往復が続くと、引用符号が重なってわかりにくくなる
ケースも少なくありません。できるだけ不要な引用は避けて、お
互いにストレスのないやり取りを心がけましょう。

25 文章をシェイプアップする

　仕事のメールでは、すべき説明をしっかり行う一方で、ムダな言葉や言い回しを避けることが重要です。

【ダメ文】その日、弊社の佐藤は**大変な**過密スケジュールで動いて**いるということもあって**、残念ながら、**どうしても**試飲会に参加する時間を**割くことができない状態となっております**。もしご意見・ご質問の**ようなものがあれば**、メールでお送りいただけると**とても助かる次第**です。

【修正文】その日、弊社の佐藤はスケジュールが過密なため、残念ながら、試飲会に参加する時間が割けません。もしご意見、ご質問等あれば、メールでお送りいただけると助かります。

　ムダな言葉や言い回し（あみかけ部分）が多いダメ文は、肝心の内容が頭に入ってきません。「大変な」や「どうしても」は "なくても支障をきたさない言葉" であり、そのほかのあみかけ部分は、冗長な言い回しです。ムダな言葉を削ったり、簡潔な表現に変えたりした修正文であれば、読みやすく、内容も頭によく入ってきます。

　人間にたとえるなら「ムダな言葉や言い回し＝ぜい肉」です。文章を書き終えたら「ぜい肉をチェック → ぜい肉を削る」で文章をシェイプアップさせましょう。情報伝達度が格段に高まります。

26 重要なイベントや用事は、詳細をまとめて案内する

　打ち合わせ、視察、発表会、シンポジウム、展示会、交流会、研修、取材……など、重要なイベントや用事の連絡をするときは、その全貌を把握できるように詳細をまとめて記しましょう。

【原文】16日（木）13時よりスタッフの顔合わせを兼ねたお打ち合わせを弊社にて行います。

ご確認のほどよろしくお願いいたします。

【修正文】スタッフの顔合わせを兼ねたお打ち合わせの件、以下のとおり、詳細が確定いたしました。

ご確認のほどよろしくお願いいたします。

◆ 日時：3月16日（木）13時〜15時
◆ 場所：弊社第2会議室（弊社9階）
弊社地図：http://xxxxxxxxx.jp/map.html
◆ ご出席者：A社　真田様、近藤様
　　　　　　　弊社　柴崎、中村、安藤

　頻繁に行われているミーティングなどであれば原文程度のメールでOKなケースもあるでしょう。一方、**イベントの重要度が高いときや、初めての相手とやり取りするときなどは、詳細をまとめて案内してあげましょう。**相手に喜ばれます。

27 テーマの違う情報は、別メールで送る

　まったく異なるテーマの情報をひとつのメールに盛り込む人がいますが、これは混乱やトラブルを招く元凶です。テーマが異なる情報は、別のメールで分けて送りましょう。

> 【ダメ文】A社への営業訪問の件、承知しました。14時に東京駅の丸の内北口改札にうかがいます。その際に、3人分のカタログをご持参いただければ幸いです。
> また、「ヒットバイブル」のチラシの件ですが、今週中にもラフ案を作成してお送りいたします。しばしお待ちください。ちなみに、ご担当者は小林さんと南さんのどちらになりそうでしょうか。
> あと、25日（金）の打ち上げの件、ご予定はいかがでしょうか？出欠をご連絡いただければ幸いです。

　関係性に乏しい3つのテーマの情報が盛り込まれています。一度のメールで終わらせたいという気持ちはわかりますが、相手にとっては迷惑です。肝心な情報を見落としやすくなるほか、何度かメールのやり取りを続けるうちに、「えっと、あの情報はどのメールに書かれていたっけ？」と混乱してしまうかもしれません。

　件名（17項参照）**と関係のない情報は別メールで送るのが原則です。**もしも、別メールで送るほどのことではないと判断した場合は、本文を終えたあとに「追伸」（35項参照）を使って伝えるようにしましょう。

28 メールで重宝するフレーズ 「〜したく」

「○○したい」という意思を伝えるときに重宝するフレーズが「〜したく」です。「〜したく」は、丁寧な表現であるうえ、文面も引き締まります。ビジネスシーンに適したスマートな言い回しです。

【ダメ文】スケジュールの確認をしたいと思い、ご連絡いたしました。

「○○したいと思い」という言い回しが、文章の座りを悪くしています。このようなケースで「〜したく」を使います。

【修正文】スケジュールの確認をしたくご連絡いたしました。

　文章が簡潔になり、なおかつ、丁寧さも増しました。ダメ文よりも文章の座りが良くなりました。

【ダメ文】○○の注文をしたかったので、メールいたしました。
【修正文】○○の注文をしたくメールいたしました。

【ダメ文】視察のご報告をさせていただこうかと思い、ご連絡いたしました。
【修正文】視察のご報告をしたくご連絡いたしました。

29 お願いや指示は「相談風」に行う

　メールで、お願いや指示をする場合は「相談風」の書き方をしましょう。

【ダメ文】チラシの早刷りが届きました。
ご確認のうえ、明日 14 時までにご返信ください。

「ご返信ください」という書き方は、"一方的な指示"に感じられます。なかには「急に連絡をしてきて、偉そうに指示するな」と気を悪くする人もいるかもしれません。

【修正文】チラシの早刷りが届きました。
急なお願いで誠に申し訳ございませんが、ご確認のうえ、明日 14 時までにご返信いただけますでしょうか。

「急なお願いで誠に申し訳ございませんが」とお詫びを入れたのちに「ご返信いただけますでしょうか」と**相談風」の書き方をすることで、相手が言葉（お願い）を受け入れやすくなります。**
　どうしても「ご返信ください」のようなストレートな表現を使いたいときは、「大変お手数ですが〜」「お手を煩わせますが〜」といったクッション言葉（74 項参照）を添えましょう。表現がソフトになるため、相手が、お願いや指示を快く受け入れやすくなります。

「上から目線」や「素っ気なさ」に注意！

　上から目線のメールや素っ気ないメールを書いていませんか？本人に悪気はなくても、対面のときのように「表情」や「声色」が使えないメールでは、書き方によっては、相手に「悪い印象」を持たれてしまうことがあります。とくに「それは無理です」のように言い切り型の言葉を使いがちな人は注意しましょう。

【ダメ文】それはできません。

【修正文】ご希望にそえず、申し訳ございません。

【ダメ文】やっといてください。

【修正文】していただけると助かります。

【ダメ文】まだでしょうか？

【修正文】いかがでしょうか。

　「まだでしょうか？」を「いかがでしょうか。」に修正する際に「？」も外しました。**「？」を使うと、相手を問いただすような、少しキツい印象の文面になります。**

　書き手自身のなかに（相手が納期破りの常習犯であるなど）"相手を問いただす"意図がないケースでは、極力「？」の使用を控えましょう。

31 感情的になったら負け

　たとえカチンときたときでも、感情的なメールを書いてはいけません。冷静に事実を伝えることに注力しましょう。

【ダメ文】＞ロゴが寂しすぎます。

使用する写真が派手なので、ロゴを派手にしすぎると、ゴテゴテしますよ？それに、打ち合わせのときに、「シンプル系」でいく旨はお伝えしたはずです。今頃になって覆されても困ります。

【修正文】＞ロゴが寂しすぎます。

ご意向にそえておらず、申し訳ございませんでした。写真とのメリハリを崩さない程度に、もう少し派手さを出してみます。作り直しますので、明日の 14 時までお時間いただけますでしょうか。よろしくお願いいたします。

　カッとなる気持ちはわかりますが、ダメ文のように感情的になると、そこで仕事が滞り、相手との関係性も悪化します。

　仕事のメールでは、よほどのことがない限りキレてはいけません。**もしも頭に血が上ったときは、頭が冷えるまで少し時間を置きましょう。**頭が冷えてもなお「伝えたいこと」があるなら、それはきっと「伝えなくてはいけないこと」なのでしょう（そこを我慢しろとは言いません）。社会人に求められるのは、自分の意見や主張、助言などを、余計な感情を挟まず冷静に伝える能力です。

32 ルーティンメールには「ひな型」を用意する

毎月、毎週、毎日……のように、同じ内容のメールを書いていませんか？そういう方は、あらかじめひな型を用意しておくといいでしょう。文章作成時間の短縮につながるほか、伝えるべき事柄の抜け落ちを防ぐこともできます。

以下はひな型の一例です。

●●様

いつもお世話になっております。
ライターの山口拓朗です。
雑誌『●●●』●月号の原稿が完成しましたので、お送りいたします（Word を添付）。
ご確認のうえ、不明点がございましたら、ご連絡ください。
どうぞよろしくお願いいたします。

そのつど変化する箇所は「●」などで空けておけばOKです。もちろん、そのメールで特別に伝えたいことがあれば加筆し、不必要な情報があればカットします。

ただし、ひな型を使うと、気が緩みがちになります。「ひな型を使っているから安心」ということはありません。**送信前のチェック**（53 項参照）**を疎かにしないようにしましょう。**

【転送時のマナー】
転送する目的を明確に伝える

メールを転送するときは、転送相手に「それで私に何をしろと？」と思われないよう、してもらいたい行動を明確に書きましょう。

【ダメ文】A社から見積書が送られてきました。よろしくお願いいたします。＜以下、転送文＞

このような雑な転送をしてはいけません。相手に確認をしてもらいたいのか、それとも意見、回答、アドバイスなどをもらいたいのか——してもらいたい行動を明確にしておく必要があります。

【確認のみ希望する場合】A社から見積書が送られてきました。参考までにご覧ください（返信は不要です）。＜以下、転送文＞

【回答を希望する場合】A社から見積り書が送られてきました。内容をご確認のうえ、ご意見をいただけると助かります。よろしくお願いいたします。＜以下、転送文＞

このような書き方であれば、転送先の相手は、自分がこのメールにどう対応すればいいかがわかります。

なお、個人情報や機密情報、**個人的なやり取りなどを勝手に転送するのはマナー違反です。**その部分のみ削除するか、もとのメール送信者に「転送の許可」をもらうようにしましょう。

34 正しく敬称を付ける

メールの宛名を書くときには、二重敬称に注意しましょう。

- ・（株）ココハリ**御中**　重松様
- ・（株）ココハリ　田中**社長様**
- ・広告進行部**各位様**
- ・山本**部長殿**
- ・福島**マネージャー様**

「御中」と並べて「様」や「殿」を付ける。あるいは役職を示す「社長」「部長」「課長」「マネージャー」「グループリーダー」などの敬称に「様」や「殿」の敬称を重ねる。これらはすべて間違いです。以下が正しい表記です。

- ・株式会社ココハリ　重松**様**
- ・株式会社ココハリ　重松**社長**
- ・広告進行部**各位**
- ・山本**部長**
- ・福島**マネージャー**

　なお、会社名は略さず書くのが原則です。また、お客様全員にメールするときは、「お客各位」ではなく「お客様各位」と書きます。「お客様」という言葉自体が慣用的表現になっているためです。

35 追記と追伸を上手に使う

追記：用件と異なる内容や、強調して伝えたいことなどを書く。

「ご確認のほどよろしくお願いいたします」などの結びのあとに、「なお」や「※」を付けて書く（目安は1～3行）。

追伸：相手に対する気遣いや、相手に役立つ情報などを書く。

　結びのあと1行空けてから「追伸」と書き、さらに改行してから書き始める。

【追記の例】

以上、ご案内申し上げます。

なお、来週8日～13日に夏季休暇をいただきます。
急ぎのご用がございましたら、下記携帯電話までご連絡願います。

【追伸の例】

以上、ご案内申し上げます。

追伸
朝晩の寒暖差が激しくなってきましたので、くれぐれもご自愛ください。

第3章

「速く」書くための
シーン別フォーマット

メールの基本フォーマットを把握する

　仕事で使うメールには「基本」となるフォーマットがあります。この「フォーマット」は「マナー」と言い換えることもできます。

　メールを受け取った相手から「マナー知らず」「非常識」と思われたい人はいないでしょう。「基本」を知らないということは、社会人にとって大きなリスクです。

宛先：tsutida@□□□□□□□.co.jp —— ①

Cc：sakagami@□□□□□□.or.jp —— ②

件名：プロジェクト P の企画書修正の件 —— ③

株式会社キリュップ

土田さま —— ④

Cc：坂上（弊社）—— ⑤

いつもお世話になっております。 —— ⑥

株式会社ミナイの吉田です。 —— ⑦

先日はお打合せをしていただき、誠にありがとうございました。
—— ⑧

さて、プロジェクトPの企画書の件ですが、
A社の希望を盛り込んだうえで、企画書を修正いたしました。

ご多忙のところ恐れいりますが、
添付のWordをご確認いただけますでしょうか。

修正点を含め、ご意見、ご要望がございましたら、
何なりとお申し付けください。── ⑨

引き続き、よろしくお願いいたします。── ⑩

ミナイ株式会社
マーケティング部
吉田一郎（Ichiro Yoshida）

〒105-□□□□
東京都港区西新橋□-□-□

TEL.03-□□□□-□□□□
FAX.03-□□□□-□□□□
E-mail：yoshida@□□□.or.jp
会社URL：http://www.□□□co.jp ── ⑪

----

① 宛先（To）

メールを送る相手のアドレスを入力します。ここに複数のアドレスを入力すると、入力した人全員にメールが送られます。

ちなみに、**アドレスを登録するときは、愛称などではなく実名で登録しましょう**（登録した名称で、相手側に表示されてしまうことがあるため）。

② Cc、Bcc

「Cc」は、参考としてメールの内容をほかの人に確認してもらいたいときに使います。**「Cc」に入れたアドレスは、送信先全員に表示されます。**また、相手のアドレスも「Cc」の受信者全員に公開されます。事前にアドレスが共有されていない人を「Cc」に加えるのはマナー違反です（情報漏えいにつながります）。

「Bcc」は、メール相手にほかの受信者がいることを伏せたい、あるいは、ほかの受信者のアドレスを知らせたくないというケースに使います。**「Bcc」に入力されたメールアドレスは、「宛先(To)」や「Cc」の受信者には表示されません。**

ちなみに、筆者は「Bcc」をできる限り使わないようにしています。「Bcc」に入力すべきアドレスを誤って「Cc」に入力したときに、トラブルになる恐れがあるからです。「Bcc」を使うときには、細心の注意を払いましょう。

③ 件名

　メールのタイトルです。**メールの内容をわかりやすく簡潔に書きましょう。**「具体的なキーワード」を盛り込むと、送受信者のいずれもがメールを検索しやすくなります（件名の書き方は17項参照）。

④ 宛名

　メールを送る相手の名前を書きます。まだ関係性ができあがっていない相手であれば、氏名のほか、会社名、所属部署、役職なども明記したほうがいいでしょう。

　一方、関係性ができあがって頻繁にやり取りする相手に対しては、「会社名＋名前」「会社名＋苗字」「苗字のみ」など簡略化してもＯＫ。失礼にあたらない範囲で簡略化しましょう。

　会社名や部署名の長さにもよりますが、宛名は２行以内に収めるのがスマートです。会社や組織、団体であれば「御中」、送る相手が複数いるときは「各位」や「〜の皆様」を使います（宛名の書き方は34項参照）。

⑤ 「Cc」と「Bcc」の宛名

「Cc」を使うときには、宛名の下に「Cc：○○様」のように書き、相手に「あなた以外にもこのメールを読んでいる人がいます」と知らせるのがマナーです。社外の人へメールをするときに、Ccに入れる人が自社（身内）であれば敬称は省きます。

「Cc」に入れる人数が多いときは「○○実行委員会各位」などとします。

一方、「Bcc」の場合は、宛名を書くことはしません。「Bcc」を使った一斉配信であることを伝えたいときは「本メールはBccにてお送りしております」のようにひと言添えます。

⑥ あいさつ

原則としてメールでは時候の挨拶は不要です。その代り、必ずひと言「あいさつ」を入れるようにしましょう。

社外であれば「初めてメールを差し上げます」「いつもお世話になっております」などがよく使われます。もちろん、とおり一遍の決まり文句だけでなく、「突然のメールで失礼いたします」「早速ご返信いただき、ありがとうございます」「先日はお打ち合わせの機会をいただき、ありがとうございました」など、**相手との関係性に応じた「あいさつ」を書ければ、よりスマートです。**

一方、社内メールで重宝するあいさつは「お疲れ様です」です。スピード重視でやり取りしているときなどは、あいさつを省く臨機応変さも必要です（くどいようですが、何を盛り込むか、何を省くかは、相手との関係性や状況によります）。

⑦ 自己紹介

自分が何者かを明記します。**基本は「会社名＋氏名」です。**会社の規模が大きい場合は部署名も入れましょう。

また、相手がこちらの会社を知らないと思われるケースでは「○○株式会社の吉田と申します。○○の広報を担当しております」「○○株式会社の吉田と申します。弊社は士業様向けに集客コンサルティング業務を行っております」「以前、○○交流会で名刺

交換をさせていただいた○○株式会社の吉田です」などと具体的に書き、相手に「この人は誰？」と思われないようにしましょう。

自分が何者かを書く。この"あたり前のこと"ができていないケースが意外に多く見受けられます。「この人誰？」と思われた時点で、そのメールは読んでもらえなくなるかもしれません。

⑧ 前置き（メールした理由）

本文に入る前にメールの**目的や理由を簡潔に伝えましょう。**「○○の件についてご連絡申し上げます」「○○の件でご相談がございます」「○○のリサーチ結果をご報告いたします」「○○のお見積書をお送りいたします」など、前置きをすることで、その先の本文が頭に入りやすくなります。

なお、短い文面のメールの場合、この前置きが本文の役割を果たすこともあります。

⑨ 本文（用件）

メールで相手に一番伝えたい用件を書きます。とくに意識したいポイントは「**わかりやすく書く**」「**具体的に書く**」「**簡潔に書く**」の３つです。

⑩ 結び

用件だけ書いて"はいおしまい"では、相手にいい印象を持たれません。**最後は「よろしくお願いいたします」などのあいさつで結びましょう。** メールの内容や流れに応じて、「お目にかかれるのを楽しみにしております」「ご検討のほどよろしくお願いい

たします」など変化をつけましょう（行動を促す「結び」については18項参照）。

⑪ **署名**

会社名、所属部署、氏名、役職、住所、電話番号、FAX 番号、メールアドレス、会社の URL などを登録しておきます。初めてのやり取りにもかかわらず、署名がなかったり、署名に名前とアドレスしか書かれていなかったりすると、相手に不審がられてしまいます。

複数の署名を登録できるＰＣ環境の方は、「初めての人向け（完全版）」「何度もやり取りする人向け（簡易版）」「社内向け」など、あらかじめいくつかの署名パターンを用意しておくといいでしょう。何度もメールでやり取りするケースでは、一往復目以降は簡易版で統一するなど工夫しましょう。

なお、自社の宣伝（商品・サービスのアピールなど）を盛り込みすぎた署名は煙たがられることがあるので注意が必要です。

＜メールが長くなりすぎる場合は？＞

メールの本文があまりに長くなりすぎる場合は、本文に書く用件をテキストで添付する方法を検討しましょう。テキストにまとめれば、次のような簡単なメールで済みます。

> 明日の会議のレジュメをお送りいたします。
> Word テキストを添付していますので、
> ご確認のほどよろしくお願いいたします。

本文に長々とレジュメの内容が書かれているよりも、テキスト化されたもののほうが読みやすいはずです。また、テキスト化しておけば、保管や印刷、編集もしやすくなります。

＜あらかじめひとつの書式にまとめられた文章を送る場合は？＞

　請求書や提案書、見積書、報告書、企画書、進行表など、あらかじめひとつの書式にまとめられているものは、メール本文に文章をペーストせず、ファイルを添付するのが原則です。

　ファイルを添付する際は、相手が確認し損ねないよう、ファイルを添付した旨、添付したファイルの概要、（ものによっては）ファイル形式などを明記しましょう。

「顧客リストをまとめたエクセルを添付しております」といった具合です。

＜送信者名について＞

　メールを送信したとき、相手には送信者名が表示されます。この表示が英語やイニシャル、ニックネームになっていると、受信者がスパムメールなどと勘違いするケースがあります。

　企業の社員であれば、送信者名は「山口拓朗（株式会社アップリンクス）」や「株式会社アップリンクス（山口拓朗）」という具合に、「名前＋会社名」か「会社名＋名前」にしておきましょう。

　なお、海外とメールでやり取りする場合は「Takuro Yamaguchi」などとしておきましょう。

37　メールも「見た目」が9割？

　人間同様、メールも見た目が重要です。せっかく過不足なく情報が盛り込まれていても、「読みにくい」と思われた時点でアウトです。「読みやすさ」と「読者の理解度」は、常に比例関係にあると心得ておきましょう。

【ダメ文】

株式会社ブランレッジ　村田周一様

いつもお世話になっております。株式会社シューネの飯塚です。

新製品「むつ心」の拡散キャンペーンのお打ち合わせ日程が決まりました。3月4日（月）13時～14時、弊社第3会議室（7階）で行います。また、当日使用する「拡散キャンペーンプラン（PDF）」と「キャンペーンのスケジュール表（Excel）」を添付しておきます。併せてご確認いただけますでしょうか。

以上、不明点がございましたら、ご連絡ください。お忙しいところ、誠に恐れ入りますが、よろしくお願いいたします。

＜以下、署名省略＞

　過不足なく書かれた文章です。しかし、親切なメールとはいえ

ません。なぜなら、「見た目」への配慮が欠けていて「読みにくい」からです。相手が時間に追われて忙しい人、あるいは、読み流すクセがある人の場合、読み漏れや誤読、勘違いを招いてしまう恐れもあります。

　では、読みやすさに注意して修正してみましょう（文面はほとんど変えていません）。

【修正文】

株式会社ブランレッジ　村田周一様

いつもお世話になっております。
株式会社シューネの飯塚です。

新製品「むつ心」の拡散キャンペーンの
お打ち合わせ日程が決まりました。
下記のとおり、ご連絡いたします。

****

日時　３月４日（月）１３時〜１４時
会場　弊社第３会議室（７階）

****

また、当日使用する資料（以下２点）を添付しておきます。
併せてご確認いただけますでしょうか。

【添付資料】
・拡散キャンペーンプラン（PDF）
・キャンペーンのスケジュール表（Excel）

以上、不明点がございましたら、ご連絡ください。

お忙しいところ、誠に恐れ入りますが、よろしくお願いいたします。

＜以下、署名省略＞

　どちらが読みやすいかは一目瞭然でしょう。書かれている内容は同じにもかかわらず、理解度はアップし、読み漏れや誤読、勘違いされる恐れは低下したはずです。

　以下に、気をつけたポイントを解説します。

① 1行は長くても35文字以内に抑える

　改行がないメールほど読みにくいものはありません。長いものでも35文字以内に収まるよう、句読点やキリの良い文節（意味を持つ範囲で文章を区切った"一区切り"）で改行しましょう。

② 空白の行を作る

　積極的に空白の行を作ることによって、読みやすさがアップします。話（情報）の区切りに空白の行を挟むとスマートです。空

白の行が少ないほど「黒っぽい」印象が強まって、読みにくく感じられます。適度に「白っぽい（＝空白の行がある）」見た目を目指しましょう。

③ 複数の情報は箇条書きを利用する

複数の情報を伝えなければいけないときは、上手に箇条書きを使いましょう。

先ほどの修正文では、添付ファイルの項目を箇条書きにしました。用件のなかに盛り込んだ原文と見比べると、そのわかりやすさが一目瞭然です。

箇条書きの冒頭には「・（なかぐろ）」のほか「◆」や「■」、あるいは「①」などの丸数字、「（1）」「（A）」などの括弧書きを使うといいでしょう。

④「罫線」を使って重要なポイントを示す

重要な言葉（情報）の上下に罫線を付けることによって、その言葉が強調されます。罫線は記号をつなげ合わせて作ります。あまり派手になりすぎないよう注意しましょう。

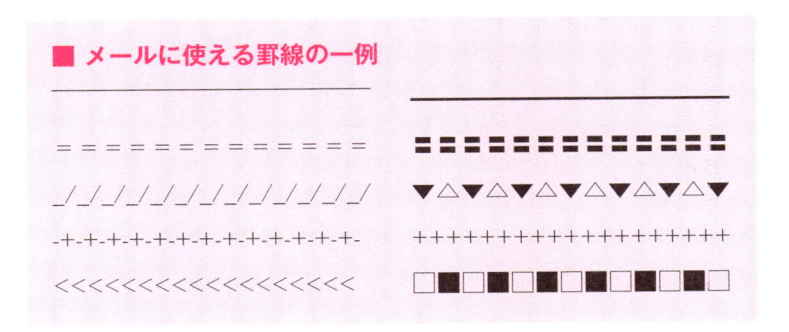

■ メールに使える罫線の一例

送信・返信の スタンダード文章

あらゆる送信・返信メールの基本となる標準的な文章をご紹介します。まずは送信メールです。

プロジェクトＣの提案書が完成しましたので、お送りいたします。（Word を添付しております）①

先日のお打ち合わせの内容も反映してございます。②
ご確認いただければ幸いです。③

なお、ご不明点等あれば、遠慮なくご連絡ください。④

よろしくお願いいたします。

このメールには①〜④のポイントを盛り込んでいます。

①：このメールの内容（例文では、提案書送付の旨）。添付資料がある場合は、その旨も書き添える

②：特別に連絡しておきたい点、強調しておきたい点、付け加えておきたい点など

③：相手にしてもらいたい行動を促す文章

④：相手への配慮（例文では、問い合わせしやすくしている）

そのほか、折り返し連絡をもらいたいときなどは「ご確認のう
え、３日（金）までに修正点をご連絡いただけますでしょうか」
という具合に、「してもらいたい行動」を明確に伝えます。

　一方、返信メールのスタンダードな文章をご紹介します。

さっそく提案書をお送りいただき、ありがとうございました。①

内容を確認しましたが、とくに問題点はございません。②
こちらをベースに作業プランを組み立ててまいります。③

引き続き、よろしくお願いいたします。

　このメールに盛り込まれたポイントは①〜③です。

①：メールを送ってくれたことに対するお礼（内容に触れつつ）
②：内容に対する返事。特筆すべき連絡事項（例文では、修正箇
所の連絡など）があれば、ここで具体的に伝える
③：この先、自分がどのように動くか

　なお、すぐに明確な返信ができないときは、次ページのように
「すぐに返信できない旨」を伝えましょう。

> さっそく提案書をお送りいただき、ありがとうございました。
>
> 提案書の内容につきましては、弊社営業部の確認をとる必要がございます。①
>
> 大変申し訳ございませんが、明日（５日）の正午までお時間をいただけますでしょうか。②
>
> 何卒よろしくお願いいたします。

　メールをしてくれたお礼を述べてから、以下の①と②を盛り込みました。

　①：すぐに明確な返信ができない旨と理由
　②：明確な返信をする期日（相手に許可をもらう形で）

　言うまでもありませんが、メール返信をしないのは論外です。果たしてメールが届いたのかどうか、相手は心配しています。遅くとも 24 時間以内に返信するようにしましょう。
　なお、**メールの往復は１往復半が基本といわれています。**たとえば、「仕事の依頼（Ａさん）→ 快諾（Ｂさん）→ 快諾へのお礼（Ａさん）」という具合です。場合によっては、最初の受信者側であったＢさんが「快諾へのお礼」に対して、もう一度返したほうがスマートな場合もあります（相手が立場的に上である場合など）。状況に応じて判断しましょう。

39 【報告メール】要点を簡潔に書く

　社内での報告メールは、上司が部下の行動や仕事の進捗を把握するうえで重要な役割を果たしています。相手が求めている（必要としている）情報を過不足なく盛り込みましょう。

昨日、社内報のリニューアルに関する会議を行いました。
その内容についてご報告いたします。

――――――記――――――

・会議日：4月14日（金）

・議題：社内報のリニューアルについて

・決定事項

　表紙の写真をやめてイラストに変更する

なお、次回第2回（28日・金）の会議では、イラストレーターの選定とイラストのテイストを決めます。

以上　取り急ぎご報告まで。

　どこまで具体的に報告するかは、社内の慣習や相手（例文では上司）の考え方次第です。そういう意味では、報告相手のニーズを把握している人ほど「伝わる報告メール」が書きやすくなります。**箇条書きを使うなど見せ方にも工夫を凝らしましょう。**

【連絡メール】
要点を簡潔に書く

　連絡の目的は「相手にわかりやすく情報を伝えること」です。冗長になりすぎないよう簡潔さも意識しましょう。

　以下は社内の上司に向けた連絡メールです。

昨晩、妻が急性胃腸炎で救急搬送されました（大事には至っておりません）。

申し訳ございませんが、本日は半休を取らせていただきます。

今のところ出社は 14 時を予定しております。

なお、万が一、私宛てに電話があった場合、本日 14 時以降に連絡する旨をお伝えいただけますでしょうか。

ご迷惑をおかけしますが、よろしくお願いいたします。

◆ 連絡すべき情報（半休を取る旨／半休する理由）

◆ 今後の予定（この先の出社時間）

◆ お願い（万が一、自分宛てに電話がかかってきた場合の対処法）

　例文には上記の項目が盛り込まれています。「妻の急性胃腸炎」については状況を簡潔に伝えればＯＫです。また、「この先の予定」や「万が一のときの対処法」を書くことで、相手（上司）に安心感も与えています。**ダラダラと余計なことを書きすぎずに、伝えるべき情報の要点をまとめることに注力しましょう。**

41 【相談メール】要点を簡潔に書く

　何かしらの相談をメールでする場合には、相談のポイントを整理して伝える必要があります。

社員の仮眠推奨の件でご相談があり、ご連絡いたしました。

制作部で仮眠による成果が出ていると耳にしたため、現在、総務部でも導入を検討しております。

つきましては、どのような成果が見られたのか、そして、実際にどのような形で仮眠を取っているのか、お聞かせいただけませんでしょうか。検討材料にしたいと思っております。

メールでも構いませんが、もしも対面でお話できるようであれば、ご指定の日時に吉沢部長のデスクにうかがいます。

力をお貸しいただければ幸いです。よろしくお願いいたします。

　ふたつの相談事（仮眠の成果／仮眠の取り方）は箇条書きで書いても構いません（ややビジネスライクな印象になりますが）。相談を持ちかけるということは「相手の時間をいただく」ということです。**相手が希望する時間や相談形式（対面 or メールなど）に合わせるなど、細やかな配慮を忘れないようにしましょう。**

商品の注文をするときや、在庫の確認、新規取引の条件の確認、数量・価格の確認などの照会をするときは、相手から明確かつ正確な回答を引き出さなければいけません。相手が誤解や誤読をしないよう、簡潔にしてわかりやすい文面を心がけましょう。

【ダメ文】貴社のフライパン「厨房くん」の追加注文を至急お願いできませんでしょうか。

ご確認のほどよろしくお願いいたします。

「追加注文をお願いできませんでしょうか」とだけ書かれてあっても相手は困ってしまいます。個数や納期にもよるからです。**注文や照会をするときは、情報の抜け落ちに注意しましょう。**

また、注文や照会をするときには、多かれ少なかれ「相手に手間をかけさせる」ことになるので、感謝の気持ちを添えるなど心地よいコミュニケーションを心がけましょう。「こっちはお客。あなたは答えて当然」という雰囲気を出すのは言語道断です。

【修正文】お陰さまで貴社のフライパン「厨房くん」の売れ行きが好調です。

つきましては、下記の数量、納期で、追加注文をお願いできますでしょうか。

なお、在庫切れの場合は、最短で入荷可能な時期をご教示いただけると助かります。

お忙しいところ誠に恐れ入りますが、ご確認いただけると助かります。

どうぞよろしくお願い申し上げます。

――――――記――――――

商品名：厨房くん（型番 2290）

数量：50 個

納期：11 月 22 日

　注文や照会メールのポイントは、問い合わせ内容（商品名や個数、納期など）を明確に示すことです。修正文では、これらをわかりやすくまとめて別記しています。型番を明記するなど、できる限りミスが起きないよう工夫してあります。

　また、在庫切れの場合に備えて「最短で入荷可能な時期」にも触れています。スピーディに仕事を進めるためには、このように「万が一」に備えた"先手"を打っておくことも大切です。

　冒頭の「お陰さまで〜」や、終盤の「お忙しいところ〜」など、相手への敬いや気遣いが、くどすぎない程度に挟まれている点も好印象です（相手との関係性を考慮して言葉を選びましょう）。

【依頼メール】
快諾をもらうことが最大の目的

依頼（お願い）のメールを書いて、相手からOKをもらうためには、どのような書き方をすればいいのでしょうか。「面識のない相手に仕事の依頼のメールをする」という場面で考えてみます。

メールに盛り込むポイントは以下の4点です。

① ：自分（送信者）の身元を明らかにする

② ：誠実さと謙虚さ（初めてのメールではとくに重要）

③ ：依頼内容を詳しく伝える

④ ：相手の自己重要感を満たす（快諾したくなる言葉を入れる）

【メールA】

大林隼人先生

はじめてご連絡させていただきます。

株式会社モンチャン・総務部の福井優と申します。①

突然のメールで失礼いたします。②

弊社ホームページ

http://XXXXXXXX.jp ①

飲食系のコンサルティング事業を展開している会社です。

年に2度、外部講師をお招きして、ビジネススキル向上の社内研

修を行っております。①

つきましては、大林先生に、弊社若手社員向けの「ビジネスマナー研修」をお願いしたくご連絡いたしました。③

先日、大林先生のご著書を拝見した際に、「相手矢印のビジネスマナー」の記述に深い感銘を受けました。大林先生の考え方とノワハウこそが弊社社員には必要と判断し、取り急ぎご連絡させていただいた次第です。④

不躾ながら、下記の条件にて、可否をご検討いただければ幸いです。②

場所：東京都千代田区（弊社内会議室）
時期：10 ～ 12 月の平日（午後）
時間：2 ～ 3 時間
参加人数：約 30 名
講師料：10 万円（交通費別）③

ご多忙のところ、誠に恐れ入りますが、
ご検討いただけますよう、よろしくお願いいたします。②

　先に挙げた 4 つのポイントは、過不足なく盛り込まれています。おそらく大林先生（受信者）も悪い印象は持たないでしょう。

では、このメールが次のような文面だったらどうでしょうか。

【メールB】

大林先生

はじめまして。株式会社モンチャンの福井と申します。

大林様に「ビジネスマナー研修」をお願いしたくご連絡差し上げました。ご返信のほどよろしくお願いいたします。

メールAと比較すると、かなり"雑"な文面です。人によっては「不誠実だ」「軽く見られている」と思うかもしれません。同じ依頼メールでも、「なんとかして、この会社の力になりたい」と意気に感じるのはメールAではないでしょうか。

では、先に挙げた4つのポイントを具体的に見ていきます。

① 自分（送信者）の身元を明らかにする

メールBには会社名と名前を名乗った以外に、送信者の情報がまったく書かれていません。どんな相手（会社）かがわからなければ、快諾しようがありません。信用ならない相手（会社）と取引すれば、自分の信用に傷が付きかねないからです。

いずれにしても、自分（送信者）の情報を公開せずに、依頼だけ引き受けてもらおうというのは都合が良すぎます。

② 誠実さと謙虚さ（初めてのメールではとくに重要）

表情や声が使えないメールでは、誠実さや謙虚さを文字で表現

することが大切です。メールAに盛り込んだフレーズ「突然のメールで失礼いたします」「不躾ながら〜」「ご多忙のところ、誠に恐れ入りますが〜」などがメールBには見当たりません。これでは、相手が「軽んじられている」と感じても仕方ありません。

③ 依頼内容を詳しく伝える

依頼を受けるかどうか判断するためには、判断材料が必要です。したがって、メールには依頼内容を詳細に書く必要があります。詳細が不明なメールBの場合、大林先生が「どのような研修ですか？」「受講対象者はどなたですか？」と聞き返さなければなりません。

相手に手間をとらせるメールは不親切です。場合によっては、詳細を記した「依頼書」をテキストで添付するくらいの配慮が必要です。

④ 相手の自己重要感を満たす（快諾したくなる言葉を入れる）

自己重要感とは、平たく言えば「自分は価値ある存在である」「自分は人から必要とされている（敬われている）」と感じることです。心理学の見地からも、相手の自己重要感を満たすことが、円滑なコミュニケーションを図るうえで有効とされています。

メールAでは、「ご著書を拝見した際に〜」「〜の記述に深い感銘を受けました」「大林先生の考え方とノウハウこそが弊社社員には必要と判断し〜」など、自己重要感を満たすフレーズが盛り込まれています。意気に感じない方はほとんどいないはずです。

【急なお願いメール】
相手への配慮と敬いが必須

　急なお願いメールをするときは、焦りの気持ちが文面に反映されがちです。焦っているときこそ、いつも以上に落ち着いて、相手の気持ちに配慮した文章を書かなければいけません。

【ダメ文】急遽、新パッケージのデザイン案が必要になりました。
明日の正午までに、特急でお願いします。
つきましては、のちほど電話でお打ち合わせをお願いします。

　相手は感情を持った人間です。メールを受信したときに、たまたま虫の居所が悪い可能性とてあります。配慮や敬いが感じられないこの文面では、仕事を受けてもらえないかもしれません。

　相手が依頼を受ける前提で「のちほど電話でお打ち合わせを〜」と書いているのも拙速です。「まだ受けるとも言っていないのに！」と相手の機嫌を損ねても仕方ありません。

【修正文】突然のお願いで恐縮ですが、急遽、新パッケージのデザイン案が必要になりました。
ご多忙とは存じますが、明日の正午までに、仕上げていただくことは可能でしょうか。
勝手なお願いであることは重々承知しておりますが、お力添えいただければ幸いです。

この短い文面には、以下のような配慮を忍ばせています。

◆ 突然のお願いで恐縮ですが～　＜恐縮する姿勢＞
◆ ご多忙とは存じますが～　＜相手の忙しさへの配慮＞
◆ 仕上げていただくことは可能でしょうか
　　＜おうかがいの形＞
◆ 勝手なお願いであることは重々承知しておりますが
　　＜迷惑をかけている自覚があることを伝える＞
◆ お力添えいただければ幸いです
　　＜押し付けがましさがない＞

【ダメ文】武田くん、明日、大島さんと一緒に大阪に行ってください。

【修正文】武田くん、急で申し訳ないけど、明日、大島さんと一緒に大阪に行ってもらえますか。

　相手が部下であっても、メールで急なお願いをするときは、文面に配慮や敬いを忍ばせましょう。修正文では「急で申し訳ないけど」と恐縮する姿勢を見せるほか、「大阪に行ってください」という指示調ではなく、「大阪に行ってもらえますか」とおうかがいの形で書いています（29項参照）。
　たとえ、相手に断る選択肢がないとしても、おうかがいの形をとることで、相手に気持ちよく動いてもらいやすくなります。

45 【説得メール】
迷う相手の背中をそっと押す

　説得されるのが好きな人はあまりいません。相手にコントロールされている気分になるからです。相手を説得したいときほど、相手が自発的に決断するように背中を押してあげましょう。

【ダメ文】先日ご案内させていただいた商品管理システムの件ですが、今期のお申し込み期日が3月31日に迫っているため、改めてご連絡差し上げました（次期募集は未定です）。
ご検討のうえ、お申し込み願います。

　説得の目的は相手から「イエス」をもらうことです。ところが、この文面には、書き手都合の言葉が並んでいます。いきなり「期日が3月31日」と圧迫感を与え、立て続けに「次期募集は未定」と書かれると、なんだか煽り立てられている印象を受けます。「お申し込み願います」という文面に至っては、完全に相手の気持ちを無視しています。悪意を感じる人もいるでしょう。

【修正文】先日ご案内させていただいた商品管理システムの件ですが、その後ご検討いただけましたでしょうか。

導入のお勧めをさせていただきましたが、貴社の方針や戦略もございますので無理は申しません。今期のお申し込み期日が3月31日に迫ってきたため、念のため、ご連絡差し上げた次第です。

弊社の計算によりますと、システムを導入いただければ、月に15万〜20万円のコストダウンが見込めます。また、導入後は、弊社管理下にて24時間体制のサポートを行います。

本件について、ご不明点やご要望などあれば、遠慮なくお申し出ください。もし必要であれば、改めて貴社へご説明にうかがうことも可能です。お役に立てれば幸いです。

全編で「売り込み臭」を排除しています。なかでも、「貴社の方針や戦略もございますので無理は申しません」の一文には誠実さが感じられます。

また、申し込み期日を案内する際に、「念のため、ご連絡差し上げた次第です」というフレーズを添えることによって、"売り込みではない"という姿勢を伝えています。

そのうえで、「弊社の計算によりますと〜」と相手にとってのメリットを簡潔に伝えています。「いいサービスです」と強調するのではなく、**さり気なく「相手にとってのメリット」を伝えることで、相手が再検討しやすくなるのです。**

結びの「ご不明点やご要望などあれば〜」や、「もし必要であれば〜」のフレーズにも、サービス提供者としてのホスピタリティが感じられます。

説得の奥義は、煽ることでも、圧をかけることでもありません。相手が自発的に行動するよう、その背中をそっと押してあげることなのです。

46

【催促メール】
相手の"逃げ道"をふさがない

催促のメールは、えてして相手に冷たい印象を与えがちです。感情的、高圧的なメールを書けば、相手が態度を硬化させたり、反抗に転じたりすることもあります。とくに**1回目の催促では、相手の"逃げ道"を用意しておくことが鉄則です。**

【ダメ文】本日の正午までにいただくことになっていた原稿がまだ届いておりません。

困っておりますので、至急お送り願います。

"取り付く島もない"メールです。"拙速"と言わざるを得ません。「至急お送り願います」という結びに至っては、もはや命令です。

もしかしたら、相手には、やむを得ない事情があったのかもしれません。あとになって、送信者側のサーバーに不具合があったことが判明した場合、どう弁明するつもりでしょうか。

【修正文】お願いしていた原稿の件でご連絡差し上げました。

本日の正午までにいただくことになっていましたが、
現時点でまだ確認できておりません。

何か問題が発生したのではないかと心配しております。

> ご多忙のところ恐れいりますが、ご確認いただければ幸いです。

　相手を責めるニュアンスを排した文面です。とくに「何か問題が発生したのではないかと心配しております」という一文には、相手への配慮が感じられます。

　この文面であれば、「申し訳ございません。失念しておりました。今からすぐに書きます」とお詫びの返信がくるかもしれません。

　一方で、ダメ文のような催促を受けた場合、相手の"自己防衛本能"にスイッチが入り、お詫びどころか、言い訳めいたメールや、こちらに責任転嫁した返信がくるかもしれません。

　もちろん、どういう文面にするかはケースにもよります。以下のようなケースでは、よりシビアな催促が必要です。

① 相手が締め切り破りの常習犯である
② 一度催促したにもかかわらず、再び期日までに届かない

　どうしても期日を守ってもらいたいなら、催促メールを送らなくて済むように、締め切り数日前にリマインドメール（54項参照）を送るなどの予防策を講じることも重要です。

47

【営業メール】
ベネフィットで興味を引く

　営業メールで成果を出すためには、ベネフィットを盛り込む必要があります。ベネフィットとは、お客様（消費者、ユーザー、クライアントなど）が、その商品・サービスから得られる恩恵や利益のことです。営業メールでは、商品の自慢ではなく、どれだけ魅力的なベネフィットを提示できるかが勝負です。（※）

【ダメ文】さて、弊社開発の最新アプリケーション「毛筆 Graphic」をお使いいただきたく、ご連絡いたしました。

精鋭のクリエーターが試行錯誤を重ねて開発したツールです。

ご検討のほどよろしくお願いいたします。

　「精鋭のクリエーターが試行錯誤を重ね」などと自慢めいた言葉が書かれている一方、商品ベネフィットがまったく盛り込まれていません。これでは購入意欲が湧きません。

【修正文】さて、弊社開発の最新アプリケーション「毛筆 Graphic」をお使いいただきたく、ご連絡いたしました。

精鋭のクリエーターが試行錯誤を重ねて開発した本ツールは、以下のようなメリットを貴社にご提供します。

---

① 実際の筆描き同様の繊細なタッチを実現【表現力アップ】
② 従来のアプリと比較して約３倍の作業効率化【スピードアップ】
③ 最初の１ヶ月間は返品無料のお試し期間【リスク回避】

価格面では競合品より割高ながら、現時点で「毛筆 Graphic」の再現力を超えるアプリは皆無と自負しております。

誠に勝手ながら、商品資料を添付しておりますので、お目通しいただければ幸いです。

ご興味があるようでしたら、すぐにサンプルを手配いたします。
＜以下省略＞

　原文と比べると、その差は一目瞭然ではないでしょうか。ベネフィットを盛り込んで、この商品がどれだけ相手の役に立つかを示した修正文のほうが、興味・関心を引きやすい文面です。

　セールスする側がどれだけ「優れた商品（サービス）」だと感じていても、メールの受け手が「自分（自社）にとってメリットがある」と感じなければ、購入・契約にはつながりません。

　何を書けば相手は喜んでくれるでしょうか？その心理・心情を把握したうえで、相手が興味を引く言葉を差し出しましょう。

※ ベネフィットについては『買わせる文章が「誰でも」「思い通り」に書ける 101 の法則』（山口拓朗／明日香出版社）で詳しく説明しています。

48

【お礼メール】
具体的に喜びを書く

　社会人たるもの、お礼メールのひとつくらいスマートに書きたいものです。にもかかわらず、形式的、表面的なお礼メールを書く人が少なくありません。お礼メールは、相手と信頼関係を築く絶好のチャンス。社交辞令で済ませてしまうのは、もったいないことです。

【ダメ文】昨夜はお誘いいただき、ありがとうございました。
ご馳走になりました。楽しかったです。

　相手に響かない「イージーなお礼文」です。

　その会食では何を得たのでしょう？何が楽しかったのでしょう？何が嬉しかったのでしょう？もっと言えば、相手は、どうお礼を言われたら嬉しいと思いますか？もう少し具体的な言葉で、お礼の気持ちを表現する必要があります。

【修正文1】昨夜はお誘いいただき、ありがとうございました。ご馳走様でした。龍生庵、聞きしに勝るおいしさで、至福の時間でした。

また、弊社の販促について親身にアドバイスいただき、ありがとうございました。"鉄は熱いうちに打て"とばかりに、さっそく今日から実践します！しっかり結果を出して、改めてご報告いたします。

どちらの修正文も、書き手の率直な喜びが伝わってきます。このお礼メールであれば、相手も「ここまで喜んでくれるなら、また連れていってあげよう」と思うのではないでしょうか。

修正文がすばらしいのは、「弊社の販促について親身にアドバイスいただき」や、「お二方とも魅力的で、すっかりファンになってしまいました」という具合に、喜びの気持ちを具体的に書いている点です。「"鉄は熱いうちに打て"とばかりに〜」や、「里中部長にいただいたご縁を大切に〜」というフレーズも実感がこもっていて受け手には心地よく響きます。

人から施しを受けたにもかかわらず、お礼メールを送らない人や、お礼メールが淡泊な人は、みずから良好な人間関係を築くチャンスを遠ざけている人かもしれません。

なお、お礼メールは、早く送れば送るほど高得点です。**できれば12時間以内に、遅くとも24時間以内に送りましょう。**

49 【苦情メール】感情的になりすぎないように！

　相手のミスに対して苦情を言わなくてはいけないとき、ついカッとなって感情的な書き方をしていませんか？気持ちはわかりますが、苦情メールで大切なのは、怒ることではなく、相手に適切な対応（改善など）をしてもらうことです。冷静さを失えば、相手との関係性に傷を付けかねません。

【ダメ文】先ほど商品が届きました。5本でお願いしておりましたが、4本しか入っていませんでした。あと、色を黒でお願いしていましたが、1本だけ赤が含まれていました。どういうことでしょうか？至急、ご対応願います。

　よほどカッときたのでしょう。しかし、これでは何の解決策にもなりません。大事なのは、相手に迅速かつ適切な対応をしてもらうことではないでしょうか。

【修正文】先ほど商品が届きましたが、商品の内容に不備がございました。つきましては、下記2点をご確認いただけますでしょうか。

（1）注文：5本 → 届いたもの：4本
（2）注文：5本とも黒 → 届いたもの：3本が黒／1本が赤

あさってに使う予定がございます。誠に恐れいりますが、明日中に残りの商品（黒2本）をお送りいただけますでしょうか。

半年前にも同じような間違いがあり、指摘させていただいたことがあります。梱包時の内容確認を徹底していただけますよう、よろしくお願いいたします。

指摘のメールで大事なことは、相手に怒りをぶつけることではなく、**苦情の内容をわかりやすく示すことと、してもらいたい対応策や改善策を具体的に促すことです。**

感情的になると、文面がくどくどしくなり、大事なポイント（ミスの状況や希望の改善策など）が伝わりにくくなります。「怒りは後日ぶつけよう」くらいに割り切って書きましょう。

もちろん、どれくらい厳しい文面にするかは、相手との関係性や不備の状況にもよります。相手の怠慢や悪意が明らかであれば、次のような一文を織り交ぜる必要があるかもしれません。

今後も同じことが続くようであれば、貴社からの仕入れを停止することも検討しなければいけません。

いずれにしても、苦情メールは、相手を責めるものではなく、効率よく問題解決するためのものである、と心得ておきましょう。冷静な対応は、あなた自身の株も上げることになるでしょう。

50

【お詫びメール】
相手の気持ちに寄り添う

　お詫びメールを簡単に済ませようとすると、火に油を注ぎかねません。相手の気持ちに寄り添いながら、ミスが起きた原因や今後の対応策を具体的に伝える必要があります。

【ダメ文】このたびは、欠陥商品をお送りしてしまい、誠に申し訳ございませんでした。

お手数ですが、商品をご返送いただけますでしょうか。

よろしくお願いいたします。

　不誠実なお詫び文です。ミスが起きた原因にも触れられていなければ、今後の対応策もあいまいです。そもそもお詫びの気持ちが伝わってきません。

【修正文】このたびは、欠陥商品をお送りしてしまい、誠に申し訳ございませんでした。①

ケースの取っ手が外れていたとのこと。

さぞかしご不快な思いをさせたことと存じます。②

心よりお詫び申し上げます。①

原因ですが、金具の溶接不良が考えられます。

検品が行き届かなかった点についても、重ねてお詫び申し上げます。③

つきましては、至急、品質に万全を期した商品をお送りいたします（明日午前中に、弊社配送員がお届けにあがります）。④

以後、同じような不手際がないよう、製造精度や検品の質を高めていく所存です。⑤
誠に勝手なお願いではございますが、引き続き、お引き立ていただければ幸いです。

なお、お手元の欠陥商品ですが、弊社配送員に手渡していただけますでしょうか。
お手を煩わせて申し訳ございませんが、何とぞよろしくお願いいたします。

このたびは、本当に申し訳ございませんでした。

修正文には下記のような要素が盛り込まれています。

① 誠意ある謝罪

お詫び文には、それなりに長さが必要です。「長さより心が大事」などと思ってはいけません。目の前に相手がいないメールでは、言葉を変えながら何度もお詫びして、初めて誠意が伝わります。修正文では「申し訳ございませんでした」と「お詫び申し上げます」を、それぞれ2回ずつ使っています。「量」によって、お詫びの「質」を高めていくのです。

② 相手の気持ちに寄り添う

お詫び文では、相手の気持ち（怒りや失望や落胆）に寄り添うことが大切です。相手は、単に謝罪の言葉が欲しいのではなく、自分の気持ちをわかってもらいたいのです。修正文では「さぞかしご不快な思いをされたことと存じます」という言葉で寄り添っています。

いくらお詫びの言葉を並べても、相手に「この人は私の気持ちがまったくわかっていない！」と思われればアウト。相手の怒りの感情を増幅させてしまう恐れがあります。

③ 原因を書く

人によっては、どうしてそういうミス（トラブル）が発生したのか原因を知りたがる人もいます。原因が特定できていない場合は、調査する旨を伝えたうえで、現状で考えうる推測を伝えましょう。修正文では「原因ですが、金具の溶接不良が考えられます」と推測を伝えています。

④ 対応策を書く

お詫びは書かれているけれど、対応策が書かれていない。そんなお詫びメールをたまに目にします。「お詫び」と「対応策」はセットです。修正文では「至急、品質に万全を期した商品をお送りいたします（明日午前中に、弊社配送員がお届けにあがります）」と、具体的な対応策を提示しています。具体的な対応策を示すことによって、相手の怒りが鎮まることも少なくありません。

⑤ 改善策を書く

同じミスやトラブルが二度と起きないよう、今後の改善策を示すことも肝心です。修正文では「以後、同じような不手際がないよう、製造精度や検品の質を高めていく所存です」とあります。建前上の改善策では、相手に見透かされます。できる限り具体的に書きましょう。改善策を具体的に示すこともまた反省の気持ちを伝えるひとつの方法なのです。

お詫びメールで絶対してはいけないのが「責任転嫁」と「言い訳」です。仮に、自分に非がなかったとしても、言い訳せずに、書き手が責任を負う姿勢を見せることによって、相手の溜飲が下がりやすくなります。それどころか、お詫び文の質が高ければ、その誠実なお詫びと対応に相手が感動し、逆に、信頼を勝ち取ることもできます。「ピンチはチャンス」。お詫び文は、相手と信頼関係を築くチャンスととらえましょう。

なお、「お詫び＝メールでするもの」とは限りません。ミスの度合いや相手の怒りの度合いによっては、真っ先に電話でお詫びを伝えたり、相手先を訪問したりする必要もあります。

メールをする場合でも「のちほど改めてお電話させていただきます」のような一文を添えたほうがいいケースもあります。「こんなに大事な謝罪をメールでするのか！」と相手を怒らせないよう注意しましょう。

51

【断りメール】
関係性にヒビを入れない！

　提案、依頼、お誘いに対する断りメールは、意外に難しいものです。そっけないと相手の気持ちを害しかねず、気を遣いすぎた"思わせぶりな文面"は、相手に変に期待をもたせてしまいます。

> **【メールA】** ご提案いただいた商品企画プランですが、今回は採用に至りませんでした。ご理解願います。

> **【メールB】** ご提案いただいたプランの件でご連絡いたしました。あいにく即採用には至りませんでしたが、プラン内容がすばらしいため、次の機会に検討させていただきます。

　メールAは「そっけない断りメール」で、メールBは「思わせぶりな断りメール」です。

　メールAは相手に冷たい印象を与えがちで、場合によっては、「本当に検討したのか？」「偉そうな断り方だ」と不信感を抱かれる恐れがあります。場合によっては、"感情的なしこり"が残ってしまうかもしれません。

　一方、「次の機会に」と書いたメールBは、相手に「まだ脈がある」と勘違いされる恐れがあります。脈がないにもかかわらず、変に含みをもたせるのは、不誠実と言わざるを得ません。

　もしも本当に脈があるなら、メールBの書き方をベースにより詳細な情報を盛り込む必要があります（「次の機会」が具体的に

いつか、など）。

【修正文（脈がない場合）】 ご提案いただいたプランの件でご連絡差し上げました。

検討を重ねた結果、採用を見送らせていただきました。

初期費用が予算に見合わないほか、商品Ｃのリリースと時期が重なるため、「市場を奪い合う恐れがある」との判断に至りました。

熱心にご提案いただいたにもかかわらず、ご期待にそえず申し訳ございませんでした。営業を説得できなかった私の力不足です。

これに懲りず、今後ともご支援、ご協力いただけますよう、よろしくお願いいたします。

　断りのメールに求められるのは、以下の２点です。

① 断りの理由を示す（可能な範囲で）
② 採用に至らなかったお詫びの気持ちを示す

　修正文では、「予算に見合わない」「市場を奪い合う恐れがある」と断りの理由を示すほか、「ご期待にそえず〜」「〜私の力不足です」とお詫びの気持ちを示しています。

【ダメ文】 ご案内いただいていた商品発表会ですが、不参加でお願いします。
今後ともよろしくお願いいたします。

　そっけない断りメールです。「気乗りがしません」「興味がありません」というニュアンスが感じられるほか、相手に対する配慮や敬意が感じられないのもいただけません。

【修正文】 このたびは、商品発表会のご案内をいただき、誠にありがとうございます。

あいにく当日は九州出張が入っており、参加が叶いません。
いち早く商品を拝見したかったので残念です。

もし資料をいただけるようであれば、小誌の新製品コーナーでご紹介させていただきます。

お手数をおかけいたしますが、ご検討いただけますよう、よろしくお願いいたします。

　「不参加でお願いします」を「参加が叶いません」に変えるだけでも、相手に与える印象が変わります。加えて「残念です」と添えることで、「行きたいけど、行けない無念さ」が伝わります。

　さらに「九州出張が入っており」と、理由を明らかにしている

点も好感度"大"です。この断りメールであれば、角が立たずに済みます。

　言うまでもありませんが、断る理由を書くときに「ウソをつく」のはよくありません。

　具体的に書くと角が立ちそうなときは、「どうしても外せない仕事が入っており」「先約があるため」などの表現で対応しましょう。

「もし資料をいただけるようであれば〜紹介させていただきます」と、相手にとってメリットの大きいオファーをしている点も心憎い配慮です。今後も関係性を維持していきたい相手であれば、なおのこと効き目があります。

　仕事ができる人ほど、断りメールの書き方がうまいものです。相手の気分を害さないのはもちろん、良好な信頼関係を築くチャンスにしてしまう。その域に達すれば、免許皆伝です。

52 仕事ができる人がしている「先回り返信術」

　メールのやり取りがうまい人ほど、相手から何か打診されたときに「先回りの返信」をしています。

　たとえば、初めて仕事の取引先から「お打ち合わせの時間をいただけませんでしょうか」という主旨のメールを受けた場合、どのような返信文を書けばいいでしょうか？

【ダメ文】承知いたしました。日時はいつがよろしいでしょうか。

　手堅い返信に見えるかもしれません。しかし、相手から届いた日時が、あなたの都合と合わなかったらどうするのでしょうか。「この日は出張が入っております。ほかの日でお願いします」と書くのでしょうか。これでは一向に仕事が先に進みません。

【修正文】

承知しました。スケジュールを確認したところ、下記の日時に空きがございました。

◆ ３月２日（水）１３時〜１５時
◆ ３月３日（木）１５時〜１８時
◆ ３月７日（月）１５時〜１８時

本宮さんのご都合はいかがでしょうか。

もしもご都合がつかないようなら、８日（火）以降でご希望の候補日をいくつかいただければ幸いです。

なお、お打ち合わせの場所ですが、ご迷惑でなければ、今回は貴社にうかがいます。

　この返信であれば、ムダなやり取りを減らすことができます。この返信メールで、先回りしたポイントは以下の３点です。

① 日時の候補を提示した
② 都合がつかないときは、候補日をもらいたい旨を伝えた
③ 相手の会社に出向く旨を伝えた

　もしも、提示した日時で都合がつけば、「では、２日の１３時で」というメールがくるはずです。スムーズにやり取り完了です。
　また、②を書き忘れると、「残念ながら、いずれも都合がつきません。ほかの日時でお願いします」といったメールが送られてきてしまうかもしれません。「日時を再提示する → 相手の都合が合わない → また再提示する」では、あまりに非効率です。
　③（貴社にうかがう旨）も「先回りの返信です」。日時を決めてから改めて「ところで、場所はどちらで？」というやり取りにならないよう、先に打ち合わせ場所を提示したわけです。
「先回り返信」ができる人は、効率よく仕事を進められる人であり、周囲から好意と信頼を得やすい人といえるでしょう。

53 送信前に確認すべき 15のポイント

　送信ボタンを押してから、自分のミスに気づいて「しまった！」と頭を抱える人は少なくありません。送信後に後悔したくなければ、送信前に以下の点を確認するようにしましょう。

◆ 宛先（アドレス）に誤りはないか

◆ Cc や Bcc に誤りはないか

◆ 宛名に誤りはないか／宛名の敬称は正しいか

◆ 必要なファイルを添付したか

◆ 件名は具体的でわかりやすいか

◆ 必要な情報が抜け落ちていないか

◆ 余計なことを書いていないか

◆ 誤字・脱字はないか

◆ 平易な言葉で書かれているか

◆ 具体的に書かれているか

◆ 見た目が読みやすいか（早めの改行などを心がけているか）

◆ 相手を不快にさせていないか（押し付け／上から目線など）

◆ 引用に不備はないか【返信の場合】

◆ 相手の質問に的確に答えているか【返信の場合】

◆ 24時間以内に返信しているか（超過時はお詫びの一文を入れる）

　メールのやり取りで発生するミスや誤解の大半は、送信する前のチェックで防ぐことができます。忙しくなればなるほど、慌て

て「送信ボタン」を押しがちですが、そういうときほど 左記の
チェックポイントに沿って冷静に読み返す必要があります。

　**とくに、宛先（アドレス）の誤りや添付するファイルの誤りは、
情報漏えいを招いて責任問題に発展する恐れがあります。**細心の
注意を払いましょう。

　なお、送信したメールに誤りがあることが判明したときには、
すぐに「お詫びと訂正」のメールを送ります。

件名：【お詫と訂正】商品Ａ配送の件
本文：先ほどお送りしたメール「商品Ａ配送の日時」の時間に誤
りがありました。下記、訂正いたします。大変失礼いたしました。
＜誤＞時間：11 時
＜正＞時間：13 時

　訂正を伝えたあと、（本文に）修正済みの全文を貼り付けると
より親切です。その際、後日相手が間違って当初のメール（誤っ
た情報を記載したメール）を読み返さないよう、「お手数ですが、
先ほどのメールは削除願います」のような一文も添えておくとい
いでしょう。

　万が一、メール送信後に、相手の怒りを買うミスを犯したこと
に気づいた場合は、真っ先にお詫びの電話を入れる必要がありま
す。大事なお詫びをメールで済ませようとすると、「誠意がない」
「なめている」と相手の怒りを増幅させかねません。

54 リマインドメールで ミスを防ぐ

「メールをしてあるから大丈夫だろう」と考えるのは誤りです。人はうっかりミスをする生き物です。とくに重要な約束や納期があるときなどは、事前にリマインドメールを送りましょう。

> 合同商品撮影会が、いよいよ3日（水）に迫ってまいりました。
>
> 当日は予定どおり、六本木○○ビルのフロントに10時集合でお願いします。
>
> 六本木○○ビル（地図）
> http://XXXXXXX.jp
>
> なお、当日の山口の携帯は下記です。
> 090-XXXX-XXXX
>
> 当日はよろしくお願いいたします。

　リマインドメールを送ることでミスを予防できるほか、相手から「きちんと対応をする人」という信頼を得ることもできます。

　1ヶ月も前に約束したようなときは、相手がうっかり忘れている恐れがあります。**「忘れているかも？」と嫌な予感がしたときは、躊躇せずにリマインドメールを送りましょう。**

第**4**章

恥をかかない
正しい**敬語のルール**

55 敬語の種類と使い分け

社会人にとって「敬語」の使い分けスキルは必須です。敬語が正しく使い分けられないと、「マナー知らず」と思われて、相手の怒りを買ったり、信頼を落としたりする恐れもあります。

敬語には大きく「尊敬語」「謙譲語」「丁寧語」の３つがあります。ケースに応じて、この３つを上手に使い分けましょう。

＜尊敬語＞

「尊敬語」は、相手、または、相手に関係のある人に向かう行為や状態、持ち物、物事などについて、その向かう先の人を立てる（敬う）ときに使います。＜動詞＋「れる」「られる」＞や＜「お」「ご」＋動詞＋「なる」「なさる」「くださる」＞などの表現のほか、通常の言葉から表現が大きく変化するものもあります（次ページの表参照）。

＜謙譲語＞

「謙譲語」は、自分や身内の行為や状態、持ち物、物事などを低めるときに使います。自分がへりくだることで、相手を立てる（敬う）表現です。＜「お」「ご」＋動詞＋「する」「いただく」＞や＜動詞＋「いただく」「させていただく」「いたす」＞などの表現のほか、通常の言葉から表現が大きく変化するものもあります（次ページの表参照）。

<**丁寧語**>

「丁寧語」は、相手や内容を問わず、表現を丁寧にしたり、上品にしたりするときに使います。接頭に「お」「ご」を付けたり、語尾に「です」「ます」「ございます」を付けたりします。

敬語の使い方でよく迷う方は、相手を立てるときは尊敬語、自分側がへりくだるときは謙譲語、相手を問わず、丁寧な表現を使いたいときは丁寧語と、覚えておくといいでしょう。

【仕事のメールでよく使う敬語】

	尊敬語	謙譲語	丁寧語
言う・話す	おっしゃる 言われる お話くださる	申す 申し上げる	言います 申す（※1）
聞く	お聞きになる お聞きくださる 聞かれる 〜がお耳に入る	うかがう 拝聴する お聞きする	聞きます
知る	ご存知だ お知りになる 知られる	存じる 存じ上げる 承知する	知ります
会う	お会いになる 会われる	お目にかかる お会いする	会います
行く	いらっしゃる 行かれる お出かけになる	参る うかがう あがる	行きます

※1：例）「急がば回れ」と申します。

	尊敬語	謙譲語	丁寧語
来る	いらっしゃる おいでになる 見える お越しになる 来られる	参る	来ます 参る（※2）
読む	お読みになる 読まれる ご覧になる	拝読する	読みます
食べる	召し上がる お食べになる 食べられる	いただく 頂戴する ごちそうになる	食べます いただく （※3）
する	なさる される	いたす	します いたす（※4）
思う	思われる お思いになる	存じる 存じ上げる	思います
いる	いらっしゃる おいでになる	おる	います おる（※5）
もらう	お受け取りになる 受け取られる おもらいになる もらわれる	いただく 頂戴する 賜る	もらいます
見る	ご覧になる 見られる	拝見する	見ます
尋ねる	お尋ねになる 尋ねられる お聞きになる	お尋ねする うかがう おうかがいする お聞きする	尋ねます
訪ねる	お訪ねになる 訪ねられる	うかがう 参る お邪魔する お訪ねする	訪ねます

与える	お与えになる 与えられる	差し上げる お届けする 進呈する	与えます あげる（※6）
受ける	お受けになる 受けられる 受領される ご査収くださる	いただく 賜る あずかる 拝受する お受けする 承る 受領いたす	受けます
買う	お求めになる 求められる お買いになる 買われる		買います
借りる	お借りになる 借りられる	拝借する お借りする	借ります
着る	召す お召になる 着られる		着ます
くれる	くださる 賜る		くれます
知らせる	お知らせになる 知らせられる	お耳に入れる お知らせする	知らせます
見せる	お見せになる 見せられる	お目にかける ご覧に入れる お見せする	見せます
飲む	召し上がる お飲みになる 飲まれる	いただく 頂戴する	飲みます いただく （※7）

※2：例）タクシーが参りました。　※3：例）早めにお昼をいただきましょう。
※4：例）足音がいたします。　※5：例）あそこに猫がおります。
※6：例）観葉植物に水をあげる。　※7：例）一緒にお茶でもいただきましょう。

寝る	おやすみになる やすまれる 寝られる		寝ます やすむ
命じる	お命じになる 命じられる		命じます
ある	おありになる		あります ございます
死ぬ	お亡くなりになる 亡くなられる 逝去する		死にます 亡くなる
配慮する	ご配慮くださる	配慮いたす 注意いたす	配慮します
取る	お取りになる	お取りする	取ります
呼ぶ	お呼びになる	お呼びする お呼びいたす	呼びます
会社	貴社	弊社 小社	

【主な人の呼称】

	相手を立てて書く場合	自分のことを書く場合
夫	ご主人 旦那様	夫 主人
妻	奥様 奥方 夫人	妻 家内
夫婦	ご夫妻 ご夫婦 お二方	私ども夫婦
息子	ご子息様 ご令息様	息子
娘	お嬢様 ご令嬢様 ご息女様	娘
両親	ご両親様	両親 父母
父	お父様 お父上様 ご尊父様	父
母	お母様 お母上様 ご母堂様	母

尊敬語&美化語の「お」や「ご」はどう使う？

　単語の頭に「お」や「ご」を付けて尊敬語にする場合は、その行為や状態が「誰のものか」を、よく考える必要があります。

◆ 行為や状態が自分の場合：「お」や「ご」を付けない
◆ 行為や状態が敬意を示す相手の場合：「お」や「ご」を付ける

【ダメ文】忙しいところ、申し訳ございません。
【修正文】お忙しいところ、申し訳ございません。

　相手に敬意を示す文章ですので「忙しい」に「お」を付けて「お忙しい」とする必要があります。

【ダメ文】お陰さまで、お忙しい日々を送っております。
【修正文】お陰さまで、忙しい日々を送っております。

　先ほどとは異なり、自分自身について語った文章ですので、「お」を付けずに「忙しい」としなければいけません。

【ダメ文】3日から5日まで、ご担当させていただきます。
【修正文】3日から5日まで、担当させていただきます

　担当するのは自分なので「ご担当」と書くのは不自然です。「ご」

を付けずに、「担当させていただきます」と書くべきです。

　なお、敬語のなかには、誰かへの敬意を表すものではなく、言葉づかいを上品にする目的で、単語の頭に「お」や「ご」を付けることがあります。こうした言葉を「美化語」といいます。

【「お」を付ける】 お手紙、お荷物、お時間、お天気、お名前、お会計、お電話、お店、お顔、お体、お食事、お酒……など

【「ご」を付ける】 ご本、ご心配、ご配慮、ご親切、ご希望、ご要望、ご挨拶、ご連絡、ご理解、ご参加、ご出席、ご不満……など

　なかには、尊敬語や謙譲語に美化語を組み合わせないと、おかしな印象の文章になってしまうものもあります。

　たとえば「ご都合はいかがでしょうか」が、「都合はいかがでしょうか」と書かれてあったら、少し乱暴な文章に感じてしまいます。同じように「お店にお越しください」が「店にお越しください」では、せっかくの尊敬語「お越しください」が台なしです。

　なお、「おコーヒー」「おテレビ」「おパソコン」「お会社」「お会議室」など、「お」や「ご」を付けると不自然になる言葉もありますので注意が必要です。

　敬語は「覚える → 使う」のくり返しで自分のものにしていくしかありません。ここでは、仕事で使う敬語のなかでも、間違いやすいものを中心にご紹介します。

【ダメ文】　Ａ社の水野社長が**参られました**。

【修正文１】Ａ社の水野社長がお越しになりました。

【修正文２】Ａ社の水野社長がお見えになりました。

【修正文３】Ａ社の水野社長がおいでになりました。

　ダメ文は、「参る」という謙譲語に尊敬語の「られる」を付けた不自然な言葉です。謙譲語に尊敬語を付けても、尊敬語にはなりません。「来る」の尊敬語「お越しになる」「お見えになる」「おいでになる」などを使った文章が正しいです。

【ダメ文】**お申込みいたしますと**、すぐにお使いになれます。

【修正文】お申込みなさいますと、すぐにお使いになれます。

　敬意を表す相手の行動に謙譲語の「いたす」を使うのは不自然です。尊敬語「お申込みなさる」を使った文章が正しいです。

【ダメ文】報告書を**拝見されてください**。

【修正文】報告書をご覧ください。

「見る」の尊敬語「ご覧ください」を使うべき文章です。この場面で、謙譲語の「拝見する」は使えません。

　同様の理由で、以下のような使い方も誤りです。

× 原稿をご拝受ください。　→　○ 原稿をお受け取りください。
× 音声をご拝聴ください。　→　○ 音声をお聴きください。

【ダメ文】 ご不明点がございましたら、遠慮なく**お伺いください。**
【修正文】 ご不明点がございましたら、遠慮なくお尋ねください。

「尋ねる」の尊敬語「お尋ねになる」を使うべきです。敬意を表す相手の行動に謙譲語の「お伺い」を使うのは間違いです。

　なお、「尋ねる」を「質問する」に言い換えて、「ご質問ください」としてもいいでしょう。

【ダメ文】 弊社の鈴木営業部長がよろしく**おっしゃっていました。**
【修正文】 弊社営業部長の鈴木がよろしく申しておりました。

　社外の人間に対して身内（自社）の名前を言うときは敬称を略すのが基本です。相手が「鈴木＝営業部長」と認識している場合は、「弊社の鈴木が〜」でもＯＫです。

　また、社外の人間に対して身内の発言を尊敬語「おっしゃる」で表現するのは間違いです。謙譲語の「申す」を使うのが正解です。

> 【ダメ文】ご要望があれば、何なりと**申してください**。
> 【修正文】ご要望があれば、何なりとおっしゃってください。

　こんどは先ほどとは逆です。敬意を表す相手の行動についての記述ですので、謙譲語の「申す」ではなく、尊敬語の「おっしゃる」を使います。

　ちなみに「何なりとお申し出ください」という表現でもOKです（この場合の「お申し出」は、謙譲の意味ではなく、名詞的に使われているため）。

> 【ダメ文】鈴木は**外出されています**。
> 【修正文】鈴木は外出しております。

　身内（自社）に対して、「される」と敬う言葉を使うのが不自然です。丁寧語で伝えればOKです。

> 【ダメ文】プロジェクトAの件は、**存じ上げております**。
> 【修正文】プロジェクトAの件は、存じております。

　「存じ上げる」は、「井出さんのことは存じ上げております」という具合に、知っている対象が人の場合のみ使える言葉です。人以外には使うことができません。

> 【ダメ文】この書き方で**結構でしょうか**。
> 【修正文】この書き方でよろしいでしょうか。

「結構です」は、人から受けた問いかけへの返答として使う言葉です。敬いの気持ちをもって、こちらから問いかけるときは「よろしいでしょうか」を使います。

【ダメ文】貴社のご担当は宮下様で**ございますね**。
【修正文】貴社のご担当は宮下様でいらっしゃいますね。

「いらっしゃいます」は尊敬語ですが、「ございます」は丁寧語です。敬意を表する相手の名前に丁寧語を付けるのは失礼です。「弊社の担当は大田でございます」という具合に、身内（自社の人間）に使うのは問題ありません。

【ダメ文】明日、尾木さんは**おられますか**。
【修正文】明日、尾木さんはいらっしゃいますか。

「おる」は「いる」の謙譲語で、「明日は弊社におります」という具合に使います。敬意を払う相手に対しては、尊敬語の「いらっしゃる」を使います。

【ダメ文】見積りの件は、**うかがっていますか**。
【修正文】見積りの件は、お聞きになりましたか。

「うかがう」は謙譲語ですので、敬意を表する相手の行動には使えません。「聞く」の尊敬語の「お聞きになる」を使うべきです。

【ダメ文】先生は、ＡとＢのどちらにいたしますか。

【修正文】先生は、ＡとＢのどちらになさいますか。

「いたす」は謙譲語です。敬意を表す相手には尊敬語の「なさる」を使います。

【ダメ文】カタログをご持参ください。

【修正文】カタログをお持ちください。

「持参」は謙譲語につき、敬意を表する相手の行為には使えません。尊敬語「お持ちください」を使いましょう。

【ダメ文】柴田先生は、ロビーでお待ちしていてください。

【修正文】柴田先生は、ロビーでお待ちになってください。

「お待ちする」は「待つ」の謙譲語です。「ロビーでお待ちしております」のように、自分を低めて相手を立てるときに使います。この文章のように、待つのが相手の場合は、尊敬語（お待ちになる）を使って「お待ちになってください」と書きます。

【ダメ文】明朝、島田課長がご報告される予定です。

【修正文】明朝、島田課長がご報告になる予定です。

【修正文】明朝、島田課長がご報告なさる予定です。

謙譲語「お（ご）～する」に、尊敬の助動詞「れる」を付けた「ご

報告される」は、尊敬語として相手に用いる文章には、ふさわしくありません。「ご報告になる」か「ご報告なさる」と書きます。敬度は落ちますが、「報告される」という書き方もあります。

【ダメ文】 どうぞ、資料を**いただいてください。**
【修正文】 どうぞ、資料をお受け取りください。

「いただく」という謙譲語を、尊敬語として使うことはできません。尊敬語を使って「お受け取りください」と書きます。

【ダメ文】 私の**お考え**をご説明いたします。
【修正文】 私の考えをご説明いたします。

　自分の動作や物事に「御」や「お」を付ける場合、それが「（お客様を）ご案内する」「（先生を）お待ちする」）など、相手を立てる形であれば問題はありません。一方で、「私のご計画」「私のお考え」という具合に自分側に尊敬語を用いるのは誤りです。

【ダメ文】 課長も**お目にかかりますか。**
【修正文】 課長もお会いになりますか。

「お目にかかる」は「会う」の謙譲語です。目上の人に対して「会うかどうか」を問う場合は、目上の人の行動なので尊敬語に変換します。「お会いになる」や「会われる」を使いましょう。

【ダメ文】北田先生が、エントランスで**お待ちしております**。

【修正文】北田先生が、エントランスでお待ちになっております。

　「お待ちする」は「待つ」の謙譲語です。「お待ちしております」のように、自分が目上の人を待つときに使います。待つのが敬意を表すべき相手の場合は、尊敬語（お待ちになる）を使います。

【ダメ文】　ご確認してください。

【修正文1】ご確認ください。

【修正文2】ご確認なさってください。

　「お（ご）～する」は謙譲語につき、そこに「ください」を付けても尊敬語にはなりません。「確認してください」の尊敬語は「ご確認ください」か「ご確認なさってください」です。同じく「ご注意してください」もおかしな敬語です。正しくは「ご注意ください」か「ご注意なさってください」です。

【ダメ文】資料が必要なお客様は、**申し出てください**。

【修正文】資料が必要なお客様は、お申し付けください。

　「申し出る」は格下の者の行動に使う言葉です。お客様主体の文章で使うのは失礼です。一方、格上（お客様）から格下に向けて使う言葉としては「お申し付け」が適しています。

　敬語に限った話ではありませんが、ある表現が正しいかどうか

という判断は、簡単に下せるものではなく、時代によって変化します。昔から使われてきたものが、現代では「おかしい」と感じられるものもあれば、その反対に、それまで「おかしい」と思われてきたものが、あるときから許容され始め、少しずつ浸透していくようなものもあります。言葉は生きているのです。

　そういう意味では、「正しい敬語」を身につけるという考え方ではなく、**「現時点で多くの人が正しいと感じている敬語」を身につけるのが、賢い方法といえるかもしれません。**

58 バカ丁寧な二重敬語は使うべからず

　同じ種類の敬語をふたつ重ねた言葉を「二重敬語」といいます。平たく言えば「やり過ぎ」。慇懃無礼（言葉や態度が丁寧すぎて、相手を見下しているさま）と思われることもあります。

【ダメ文】清水さんがメールをお書きになられる。

　「書く」の尊敬語は「お書きになる」です。ところが、ダメ文には、そのあとに「〜れる」という尊敬も重ねています。これが二重敬語、つまり、過剰な敬語です。

【修正文】清水さんがメールをお書きになる。

　「〜れる」を外すことで、適切な敬語になりました。以下は二重敬語を使った文章と、その修正文です。

【二重敬語】三田専務がおっしゃられていました。
【修正文1】三田専務がおっしゃっていました。
【修正文2】三田専務が言われていました。
※「言う」の尊敬語は「おっしゃる／言われる」です。

【二重敬語】福田社長がご覧になられました。

【修正文１】福田社長がご覧になりました。

【修正文２】福田社長が見られました。

　※「見る」の尊敬語は「ご覧になる／見られる」。

【二重敬語】正式な納品日をお聞きになられましたか。

【修正文】　正式な納品日をお聞きになりましたか。

　※「聞く」の尊敬語は「お聞きになる」。

【二重敬語】ゴルフはおやりになられますか。

【修正文１】ゴルフはおやりになりますか。

【修正文２】ゴルフはやられますか。

　※「やる」の尊敬語は「おやりになる／やられる」。

【二重敬語】お昼は召し上がりになられましたか。

【修正文１】お昼は召し上がりましたか。

【修正文２】お昼はお食べになりましたか。

　※「食べる」の尊敬語は「召し上がる・お食べになる」。

【二重敬語】三船さんは、お帰りになられました。

【修正文１】三船さんは、お帰りになりました。

【修正文２】三船さんは、帰られました。

　帰るの尊敬語は「お帰りになる／帰られる／お帰りなさる」。

【二重敬語】貴社にうかがわせていただきます。

【修正文】　貴社にうかがいます。

※「行く」の謙譲語は「うかがう」です。

【二重敬語】佐野常務がお越しになられました。

【修正文】　佐野常務がお越しになりました。

※「来る」の尊敬語は「お越しになる／おいでになる／見える／いらっしゃる／来られる」です。

【二重敬語】原稿を拝見させていただきました。

【修正文】　原稿を拝見しました。

※「見る」の謙譲語は「拝見する」です。「拝読」「拝聴」「拝観」なども同様です。

【二重敬語】ご注文をお承りしました。

【修正文1】ご注文を承りました。

【修正文2】ご注文をお受けしました。

※「受ける」の謙譲語は「承る」です。同じく、謙譲語には「お受けする」「いただく」などがあります。

【二重敬語】小林さんが、商品Ａをお求めになられました。

【修正文】　小林さんが、商品Ａをお求めになりました。

※「お〜なる」が尊敬語です。ダメ文は、「お〜なる」に尊敬語「られる」を重ねた二重敬語です。

もうひとつ注意したいのが、会長、社長、専務、常務、部長、課長、係長など、役職を示す「敬称」の二重敬語です。役職を示す敬称の場合、その言葉自体に"敬い"の気持ちが含まれています。　したがって、これらの敬称に「様」を添えて「社長様」とするのは誤りです（二重敬語です）。「関係各位様」という表現も見かけますが、これについても、同様の理由で誤りです。（34項参照）

　なお、以下の二重敬語については、すでに表現が習慣化、慣例化しています。例文には出しましたが、使用してもとくに問題はありません。

◆ お召し上がりになる（「召し上がる」＋「お〜になる」）」
◆ おうかがいする（「うかがう」＋「お〜する」）
◆ 拝見いたす（「拝見する」＋「いたす」）
◆ お見えになる（「見える」＋「お〜になる」）

　また、二重敬語ではありませんが、接続助詞「て」を使って、ふたつの敬語をつなげる言葉を「敬語連結」といいます。

◆ ご案内する＋差し上げる＝ご案内して差し上げる＜敬語連結＞

　敬語連結は、敬語同士の結びつきが適切であれば許容されています。ただし、回りくどい表現になりがちなので、「ご案内する」など、簡潔な敬語表現に置き換えたほうが賢明です。

59 「させていただく病」に ご注意！

　丁寧な言葉遣いにしなければいけないという思いが強すぎるのか（？）、書く必要のないケースで「させていただきます」を使う人が増えています。便利な言葉である反面、シチュエーション次第では、相手に違和感や不快感を与えかねません。

　そもそも「させていただきます」の意味は、「相手の許容の範囲で自分の行為を行う（行った）という謙遜の気持ちの表れ」です。

① 簡潔にできるタイプ

【ダメ文】ファイルをお送りさせていただきます。
【修正文】ファイルをお送りいたします。

【ダメ文】明日中にご連絡させていただきます。
【修正文】明日中にご連絡いたします。

「（建前上）相手に許可を求めないと失礼にあたる」という場面でもなければ、簡潔に「いたします」と書けばいいでしょう。

② そもそも許可をもらう必要がないタイプ

【ダメ文】仕事を頑張らさせていただきます。
【修正文】仕事を頑張ります。

> 【ダメ文】毎日、２時間かけて通勤**させていただいております**。
> 【修正文】毎日、２時間かけて通勤しております。

　仕事を頑張るのも、通勤しているのも、誰かの許可を必要とする類のものではありません。

③ 身勝手タイプ

> 【ダメ文】シフトを変更**させていただきます**。
> 【修正文】申し訳ございませんが、シフトを変更していただけないでしょうか。

> 【ダメ文】表紙のイラストを削除**させていただきます**。
> 【修正文】表紙のイラストを削除してもよろしいでしょうか。

　本来、相手の許可を得なければいけないシチュエーションであるにもかかわらず、「させていただきます」と断言するのは身勝手です。許可を求める言葉に変更する必要があります。

④ 敬意を払う対象がおかしい（対外的なメールにて）

> 【ダメ文】人事を担当**させていただいております**。
> 【修正文】人事を担当しております。

> 【ダメ文】編集長を預からさせていただいている篠田です。
> 【修正文】編集長を預かっている篠田です。

　社外の人に対して自分や身内（自社）について伝えるときに「させていただく」を使うの不自然です。「別に私は許可した覚えはないけど……」と相手は内心で苦笑しているかもしれません。

⑤「さ入れ言葉」のタイプ

> 【ダメ文】作らさせていただきます。
> 【修正文】作らせていただきます。

> 【さ入れ】報告書を読まさせていただきます。
> 【修正文】報告書を読ませていただきます。

　本来「せる」と書かなければいけない言葉（五段活用の動詞）に、余計な「さ」を入れて、「させる」と書いた「さ入れ言葉」です。
　なお、五段活用を除く動詞には、「させる」を付けるのが原則です。たとえば、「受けさせる」「建てさせる」などは正しい書き方であり、「さ入れ言葉」ではありません。

　ちなみに、最近では「やらして」「読まして」「帰らして」「送らして」「急がして」……など、**「せて」を「して」とする書き方も散見されますが、この言い回しに違和感を覚える人も少なくありません。**使用には十分に注意しましょう。

第5章

正しい日本語の使い方

漢字とひらがなは、どう使い分ける？

「この文字は、漢字で書くべきかな？それとも、ひらがなで書くべきかな？」。そんなふうに悩むときはありませんか？

そんなあなたに、ひとつのセオリーをお伝えします。それは、**名詞や動詞には「漢字」を使い、補助動詞、接続詞、副詞、形式名詞などには「ひらがな」を使う、**というものです。

---

① 青山課長の指示に従う。

② 青山課長の指示にしたがう。

この場合の「シタガウ」は動詞です。したがって、漢字を使った①の書き方が理想です。

気づいた人もいるかもしれません。ほんの2行前に「したがって、漢字を使った〜」と書きました。この場合の「シタガッテ」は接続詞につき、ひらがなを使いました。

---

①1年前の出来事。

②1年前のできごと。

この場合の「デキゴト」は名詞です。したがって、漢字を使った①の書き方が理想です。

> ① 生み出すことが出来る。
>
> ② 生み出すことができる。

　この場合の「デキル」は補助動詞です。したがって、ひらがなを使った②の書き方が理想です。

> ① 問題の是非を問う。
>
> ② ぜひお越しくださいませ。

　①の「ゼヒ」は名詞につき、漢字で書きました。②の「ゼヒ」は副詞につき、ひらがなで書きました。

> ① 事の重要性に気づく。
>
> ② 見直すこともある。

　①の「コト」は名詞につき、漢字で書きました。②の「コト」は形式名詞につき、ひらがなで書きました。

> ① 会社の前の通りは、交通量が多い。
>
> ② 結果は、下記のとおりです。

　①の「トオリ」は名詞につき、漢字で書きました。②の「トオリ」は形式名詞につき、ひらがなで書きました。

　以下は、漢字とひらがなの使い分けが求められる言葉です。名

詞や動詞は漢字で、補助動詞はひらがなで書いています。

◆ 時／とき
時と場合による・時が経過した／気づいたときには

◆ 下さい／ください
用紙を下さい／許してください

◆ 頂く／いただく
許可を頂く／ご参加いただく

◆ 言う／いう
簡潔に言えば・言うまでもなく／そういえば・というわけだ

◆ 行く／いく
お客様のところへ行く／うまくいく・やっていく・増えていく

◆ 来る／くる
お客様が来る／食事をしてくる・調子が出てくる

◆ 見る／みる
現場を見る・遠くを見る／書いてみる・試してみる

◆ 置く／おく
荷物を置く・５日置きに／やっておく・準備しておく

◆ 所／ところ

所構わず・近い所／今のところ・聞くところによると

◆ 物／もの

物をそこに置く／たいしたものだ

漢字とひらがなの割合は、「漢字７：ひらがな３」が目安です。
とくに気をつけたいのが漢字の使いすぎです。「御願い致します」
であれば、「お願いいたします」と書いたほうが読みやすく、相
手に与える印象もソフトになります。「一人一人」は「一人ひとり」
と書くとバランスが良くなります。

　最後に、ひらがなのほうが読みやすい言葉をまとめます。

沢山→たくさん	殆ど→ほとんど	何時→いつ	何処→どこ
未だ→いまだ	色々→いろいろ	直ぐに→すぐに	有る→ある
時々→ときどき	様々→さまざま	概ね→おおむね	無駄→むだ
遂に→ついに	敢えて→あえて	所詮→しょせん	無い→ない
如何に→いかに	幾つ→いくつ	何時→いつ	尚→なお
僅か→わずか	依って→よって	然し→しかし	先ず→まず
迄に→までに	素敵→すてき	更に→さらに	為→ため
但し→ただし	或いは→あるいは	又→また	且つ→かつ
無理やり→むりやり	丁度→ちょうど	予め→あらかじめ	
因みに→ちなみに	後で→あとで	捗る→はかどる	
様な（に）→ような（に）		素晴らしい→すばらしい	

61 接続詞を上手に使う

　文と文をつなぐ"接着剤"の役割を担う「接続詞」は、論理的な文章を紡ぐうえで欠かせないパーツです。ところが、無計画に使うとゴツゴツしたリズムの悪い文章になりかねません。

　まずは、接続詞の主な種類を、改めて確認してみましょう。

① **順接**：原因・理由を示す内容が前にあり、結果があとにくる
　　【例】したがって／そのため／だから
② **逆接**：前の内容と反対となる内容があとにくる
　　【例】しかし／ところが／とはいえ
③ **添加**：前の内容にほかの内容を付け加える
　　【例】しかも／そのうえ／加えて／それから
④ **並列**：前の内容とあとの内容が並ぶような関係になる
　　【例】また／ならびに／および／かつ
⑤ **対比**：前の内容とあとの内容が対比関係にある
　　【例】一方／逆に／反対に／反面
⑥ **選択**：前の内容とあとの内容が選択関係にある
　　【例】あるいは／それとも／または／もしくは
⑦ **言換**：前の内容を言い換えて書く
　　【例】すなわち／つまり／要するに／いわば
⑧ **説明**：前の内容についての説明を書く
　　【例】なぜなら／というのは

⑨ **補足**：前の内容に付け足す

　　　　【例】 ただし／もっとも／ちなみに／なお

⑩ **例示**：前の内容についての例を示す

　　　　【例】 たとえば／とくに

⑪ **転換**：話題を変える

　　　　【例】 ところで／さて／次に／それはさておき

　接続詞が重宝するのは、実は「文章を書くとき」です。道先案内人として使うことで、論理的な文章を紡ぎやすくなります。

　一方で、接続詞を乱発した文章は、流れがゴツゴツして読みにくくなりがちです。なくても意味が通じる場合は、書き終えてから思いきって削りましょう。

【原文】 彼は粘り強い性格です。**したがって**、難しい課題に対しても、諦めずに取り組むことができます。**しかし**、運動だけはからきしダメで、散歩でさえ長く続いた試しがないそうです。

　使用した接続詞は「したがって」と「しかし」です。意味は通じますが、少しもたついた印象を受けます。

【修正文】 彼は粘り強い性格です。難しい課題に対しても、諦めずに取り組むことができます。**しかし**、運動だけはからきしダメで、散歩でさえ長く続いた試しがないそうです。

　「したがって」を削ることによって、先ほどよりもリズムよく

読めるようになりました。一方で、「しかし」を削ると、意味不明な文章になってしまいます。接続詞の活用では、何を削って、何を残すか。その見極めが重要です。

【原文】是が非でもこのプロジェクトを成功させたいと思います。なぜなら、このプロジェクトが社会の幸せにつながると確信しているからです。とはいえ、決して楽観視はしていません。というのも、まだ協賛スポンサーを獲得できていないからです。加えて、人材も不足しています。また、設備も整っていません。いずれにせよ、今は自分たちにできること、そして、やるべきことに集中して、プロジェクトの基盤を固めていきます。

【修正文】是が非でもこのプロジェクトを成功させたいと思います。このプロジェクトが社会の幸せにつながると確信しているからです。とはいえ、決して楽観視はしていません。まだ協賛スポンサーを獲得できていないからです。人材も不足していますし、設備も整っていません。いずれにせよ、今は自分たちにできること、やるべきことに集中して、プロジェクトの基盤を固めていきます。

弱冠のリライトを加えつつ、5つの接続詞（なぜなら／というのも／加えて／また／そして）を削りました。原文よりもかなりスムーズな文面になりました。

多種多様な接続詞のなかでも、「しかし」「ところが」「だが」「とはいえ」など、**話の流れを反転させる「逆説の接続詞」は、残したほうがいい接続詞の代表格です。**

一方、削っても意味が通じることが多い接続詞には、「だから」「それで」「そして」「それから」「また」などがあります。「いらない」と判断したときは、「ここまでの道案内、お疲れ様でした」と感謝の言葉をかけてから、そっと削りましょう。

【原文】学歴が高いからといって、仕事ができるとは限りません。**なぜなら**、仕事ではコミュニケーション力を含む人間性全般が問われるからです。**ところが**、これまで私の会社では高学歴な人ばかりが評価されてきました。**しかし**、昨年、他業種からやって来た新社長は、学歴重視の評価制度を撤廃しました。私に対する評価が激変したのは、そのためです。

【修正文】学歴が高いからといって、仕事ができるとは限りません。仕事ではコミュニケーション力を含む人間性全般が問われるからです。これまで私の会社では高学歴な人ばかりが評価されてきました**が**、昨年、他業種からやって来た新社長は、学歴重視の評価制度を撤廃しました。私に対する評価が激変したのは、そのためです。

　逆説の接続詞は「残しておいたほうがいい接続詞の代表格」とお伝えしましたが、それでも、「ところが」「しかし」と続くと、くどく感じられます。修正文では、「〜が」という逆説の接続助詞を使うことで、逆説の接続詞ふたつを削りました。このように、接続詞がうるさいときは、言い回しを変える工夫も有効です（長い一文が気になるようなら「しかし」のみ残してもＯＫです）。

62 くどい表現・言い回しを削る

　仕事に求められるのは、簡潔に伝わる文章です。必要のない「くどい表現や言い回し」は、思いきって削りましょう。

> 【ダメ文】マーケットリサーチというのは、商品開発という仕事をするうえで極めて重要なことだといえます。

> 【修正文】マーケットリサーチは、商品開発をするうえで極めて重要です。

　ダメ文では、「〜という」や「〜なこと」など、なくても通じる言い回しが盛り込まれています。また、「商品開発」は当然「仕事」ですので、あえて言葉を重ねて「商品開発という仕事をする」と書く必要はないでしょう。

> 【ダメ文】企画のほうは申し分ございません。しかしながら、コスト面において、リスクのあることは避けたいと考えているところでございます。

> 【修正文】企画は申し分ございません。しかし、コスト面でのリスクは避けたく存じます。

　ムダな表現を削った修正文のほうが、読みやすく感じられます。

× 調査するということが必要です。	○ 調査が必要です。
× 受注することができます。	○ 受注できます
× リサーチを行います。	○ リサーチします。
× 以下、補足説明していきます。	○ 以下、補足説明です。
× 失敗とはいえないのです。	○ 失敗とはいえません。
× 改善するわけです。	○ 改善します。
× 医療業界においては〜	○ 医療業界では〜
× 実行したいと思います。	○ 実行します。
× 発注するように（すると）します。	○ 発注します。

　無意識にくどい表現・言い回しを使っている人が少なくありません。つまり「クセ」です。「クセ」を治すには、**まず、自分にクセがあることに気づく必要があります。**何気なく使っているムダな言葉がないか、一度よくチェックしておきましょう。

　なお、必要そうで実は必要ない言葉や、文脈に即していそうで実は即していない言葉も、不用意に使わないようにしましょう。

× 青は合わないと思います。**逆に、**グレーはいかがでしょうか。
○ 青は合わないと思います。グレーはいかがでしょうか。

× **基本的に、**弊社会員のボリュームゾーンは 30 代の主婦です。
○ こ弊社会員のボリュームゾーンは 30 代の主婦です。

ふたつの意味に取れる言葉を使わない

同じ言葉でも、ふたつの意味に取れるものがあります。「結構です」「大丈夫です」「いいです」などです。

■「資料をお持ちしてよろしいですか？」と質問を受けた場合
　結構です。→ 持ってきてください、という意味。
　結構です。→ 持ってこなくていいです、という意味。

■「幹事をやってもらえますか？」と質問を受けた場合
　私は、いいです。→ 幹事をやります、という意味。
　私は、いいです。→ 幹事をやりません、という意味。

■「会議でプレゼンなさいますか？」と質問を受けた場合
　大丈夫です。→ プレゼンします、という意味。
　大丈夫です。→ プレゼンしません、という意味。

「結構です」「いいです」「大丈夫です」は、それぞれ単体では、肯定なのか否定なのか、意味の区別がつきにくい言葉です。

文章の場合、話し言葉と違って、雰囲気や表情で察してもらうことができません。したがって、「お持ちいただけると助かります」「幹事をやらせていただきます」「プレゼンいたします」のように、具体的な言葉で表現するのが親切です。

64 言葉の重複を避ける

　一文中に同じ意味の言葉を重ねて使うと、まどろっこしく稚拙な印象を与えます。気づいたときは、言い換える、あるいは、表現を工夫するなどして、言葉の重複を改善しましょう。

【ダメ文】写真を**撮影**するときには、露出に注意して**撮影**してください。

【修正文】写真を**撮影**するときには、露出に注意してください。

【ダメ文】その**居酒屋**は、新鮮なお刺身をウリにしている**居酒屋**です。

【修正文】その**居酒屋**は、新鮮なお刺身をウリにしています。

【ダメ文】明日の会議で**決定したい点**は、次号の巻頭特集担当者とウェブサイトのコンテンツを**決めます**。

【修正文】明日の会議では、次号の巻頭特集担当者とウェブサイトのコンテンツを**決めます**。

【ダメ文】参加者は**約** 30 人**ほど**です。

【修正文】参加者は**約** 30 人です。／参加者は 30 人**ほど**です。

【ダメ文】**今**の**現状**では、営業部にすべて一任する予定です。

【修正文】**現状**、営業部に一任する予定です。

同じ意味の言葉を重ねて使うことを「二重表現（重言）」といいます。二重表現の使用を防ぐためには、「どんな二重表現があるか」、そして、**「自分がどんな二重表現を使いがちか」を知っておくことが大切です。**知っていれば、うっかり使ってしまうリスクを減らすことができます。

　以下は、しばしば見受けられる二重表現です。

◆ 港区だけに限定　　　→　港区に限定

◆ 受注を受ける　　　　→　受注する／注文を受ける

◆ まず初めに　　　　　→　まず／初めに

◆ 一番最初（最後）に　→　最初（最後）に

◆ 最初の発端　　　　　→　発端

◆ 一番ベスト　　　　　→　一番／ベスト

◆ 第一回目　　　　　　→　第一回／一回目

◆ 平均アベレージ　　　→　平均／アベレージ

◆ 各エリアごとに　　　→　各エリアに／エリアごとに

◆ 必ず必要だ　　　　　→　必要だ

◆ はっきり断言する　　→　はっきり言う／断言する

◆ 尽力を尽くす　　　　→　尽力する／力を尽くす

◆ 内定が決まる　　　　→　内定する

◆ 未だに未解決　　　　→　未解決／解決していない

◆ 違和感を感じる　　　→　違和感を覚える（抱く）

◆ かねてからの懸案　　→　懸案

◆ あとで後悔する　　　→　あとで悔やむ／後悔する

◆ 過半数を超える	→	過半数に達する
◆ 本来から／本来より	→	本来
◆ 価格が値上がりした	→	値上がりした／価格が上がった
◆ 車に乗車	→	乗車／車に乗る
◆ 製造メーカー	→	製造業者／メーカー
◆ 色が変色する	→	変色する
◆ さらにいっそう力を入れる	→	さらに力を入れる ／いっそう力を入れる
◆ あらかじめ予定しておく	→	予定しておく ／あらかじめ決めておく
◆ ふだんから常備している	→	常備している ／ふだんから備えている
◆ 返事を返す	→	返事をする
◆ 日本に来日	→	来日／日本に来る
◆ 進捗が進む	→	進捗が速い

　なお、二重表現のなかには、おおむね許容されているものもあります。二重表現の許容は、「話し言葉」との関係性が小さくありません。話し言葉で違和感を覚えないものが、許容へ向かいやすくなるようです。

◆ 従来から　※「従来」は「以前から」の意味。

◆ 犯罪を犯す　◆ 被害を被る　◆ 歌を歌う／踊りを踊る

◆ 指を指す　◆ 遺産を遺す　◆ 選挙戦を戦う

◆ 立場に立つ　◆ 上を見上げる　◆ 事前予告

どっちが正しい？
＜紛らわしい言葉に注意！＞

　日本語には、似たような意味の言葉がたくさんあるため、文章を書くときに「どっちが正しい？」と迷うケースも少なくありません。間違えないためには、それぞれの意味を正しく把握しておく必要があります。

◆ 来週 or 翌週

① 今週は会議が多かったが、**来週**は少ないはずだ。

② 今週は会議が多かったが、**翌週**は少ないはずだ。

　正しい文章は①です。②に違和感を覚えるのは、文章の視点が「今」にあるにもかかわらず、「翌（週）」が使われているからです。「翌」が使えるのは、過去か未来の一地点に視点を置いたときだけです。「今」「今日」「今週」「今月」など、「今」に視点を置いた文章を書くときには「翌」を使うことはできません。

◆ 当社 or 弊社

① 来週のお打ち合わせですが、**当社**からは下山が出席いたします。

② 来週のお打ち合わせですが、**弊社**からは下山が出席いたします。

　「弊社」は自社を謙遜して使う表現です。一方、「当社」には謙遜の意味はありません。社内にて自分の会社を競合他社と比較するときなど、対等な位置づけで表現していいケースで使用します。

取引先や顧客へのメールに「弊社」を使う一方、商品の宣伝など不特定多数に向けた文章では「当社」を使うこともあります。

◆ おざなり or なおざり
① あの税理士の仕事は**おざなり**です。
② あの税理士の仕事は**なおざり**です。

　①と②はどちらも誤りではありません。しかし、意味が異なります。「おざなり」は、「大雑把なさま」「中途半端なさま」を意味します。①の場合、『（税理士は）仕事はするものの、その仕事ぶりが大雑把だったり、中途半端だったりする』という意味です。
　一方の「なおざり」は、「そのままの状態で放っておく」「避けて通る」「必要な対応を怠る」というニュアンスです。②の場合、『（税理士は）仕事をせず、状況を放置する』という意味です。

◆ しずらい or しづらい
① 読み**ずらい**。
② 読み**づらい**。

　正しいのは、②の「理解しづらい」です。漢字で考えると一目瞭然です。「読みづらい」＝「読む＋辛い（つらい）」です。辛いには「〜するのが難しい」という意味があり、読むのが難しいから、「読みづらい」なのです。「わかりずらい」「書きずらい」「動きずらい」「しずらい」等々、無意識に「〜ずらい」を使っている方は十分に注意しましょう。

　正しいのは②の「過ち」です。何かをしくじること、やり損なうことをを「過ち」といいます。そもそも「誤ち」という表記はありません。「誤り」と混同している人がいるようです。

　正しいのは②の「新規まき直し〜」です。種を蒔いても芽がでなかったため「種を蒔き直す」という意味です。転じて、もう一度新しくやり直すこと。劣勢の状態から勢いを盛り返して反撃に転ずる「巻き返し」と混同して使っている人が多いようです。

　正しいのは①の「脚光を浴びる」です。舞台に立つことや、世間の注目の的となることを「脚光を浴びる」といいます。「注目を集める」「関心を集める」と混同しないようにしましょう。

◆ ご教示 or ご教授

① 在庫の管理方法について**ご教示**ください。

② 在庫の管理方法について**ご教授**ください。

　正しいのは①の「ご教示」です。「教示」は、自分が知らない知識や方法などを相手から教わりたいときに使います。一方の「教授」は、学問や芸事、専門技術などを身につけるために、相手から体系的・継続的に教えを請うときに使います。「石田先生からご教授いただいたノウハウは〜」という具合です。ふだん仕事で使うメールでは「ご教示」を使うケースが多いはずです。

◆ 雪辱を晴らす or 雪辱を果たす

① 学生時代の**雪辱を晴らす**。

② 学生時代の**雪辱を果たす**。

　正しいのは②の「雪辱を果たす」です。「雪辱」は「前に受けた恥をそそぐこと」という意味。すでに「そそいでいる」ので、そのうえ「晴らす」必要はありません。「屈辱を晴らす」であれば正しい表現です。

◆ お返事 or ご返事

① **お返事**、ありがとうございます。

② **ご返事**、ありがとうございます。

　結論を言うと、「お返事」と「ご返事」はどちらでもOKです。

「お返事」は和語（やまとことば）風で、「ご返事」は漢語風です。女性は「お返事」を使う人のほうが多いというデータもあります。

■ 間違えがちな同音異義語

・追求（利益や目的）／追及（責任や罪）／追究（真理や学問）

・意思（自分の考えや思い）／意志（何かを成し遂げようとする心）

・保証（約束する）／保障（保護する）

・適正（適当で正しい）／適性（性格や性質が、その物事に適している）

・修得（学んで身につける）／習得（習って身につける）

・不要（余計・必要でない）／不用（使わない・役に立たない）

・異動（役職や地位などが変わる）／移動（場所などが移る）

・決済（支払いによって売買取引を済ませる）／決裁（権限を持つ人が事柄の可否を決める）

・解答（問題を解いて答えを出す）／回答（質問や要求・要望に答える）

・特徴（特に目立つところ）／特長（特に優れたところ）

・実体（実在する姿）／実態（実際の状態）

・体制（仕組み・システム）／態勢（物事に対する身構えや準備）

・過小（小さすぎる）／過少（少なすぎる）

・回復（一度失った物を取り戻す）／快復（病気やケガが治る）

・原形（変型する前の形）／原型（物を作るときの元になる型）

66 紛らわしい助詞に注意 ①「に」と「へ」

日本語の助詞にも紛らわしいものが少なくありません。ここからは、紛らわしい助詞の正しい使い分けをお伝えします。

① 会社**に**行く。
② 会社**へ**行く。

「に」と「へ」は、それぞれ重心を置く対象が異なります。

「に」が置く重心：目的地（移動や変化の結果）
「へ」が置く重心：方向（移動や変化の過程）

このように、重心の置き方次第で、①と②のどちらを使うかが変化します。「会社に向かう過程」に重心を置くなら②、「会社で仕事をする」というようなニュアンスなら①が適当です。

ただし、限定的な事柄・出来事を示すケースで「へ」を使うと違和感が生じます。「に」を使いましょう。以下の「研修」や「選挙」は目的地の名称ではなく、出来事名（イベント名）です。

× 研修**へ**行く。
○ 研修**に**行く。

> × 選挙へ行く
> ○ 選挙に行く

　一方、方向を強調する以下のようなケースでは、逆に「に」を使うことができません。

> × 学校にの道
> ○ 学校への道

> × 前に前にと突き進む。
> ○ 前へ前へと突き進む。

> × 成功にと導く。
> ○ 成功へと導く。

「へ」より「に」のほうが、適応範囲が広いという印象です。「へ」の多くは「に」に置き換えることができますが、逆に「に」から「へ」は、置き換えにくいケースが少なくありません。**" 目的地 " と " 方向 " のどちらに重心を置いた助詞なのか、そのつどよく考えて、上手に使い分けましょう。**

67 紛らわしい助詞に注意 ②「に」と「で」

① 23日の17時に締め切ります。
② 23日の17時で締め切ります。

　①は、17時に締め切るという＜状態＞を示したにすぎません。一方。②の「17時で」は、「締め切る」という＜行動＞を強調した表現です。「早めに申し込んで！」というメッセージを含みたいときなどは、「に」ではなく「で」を使うと効果的です。

　逆に、**お客様などに使う文面では、「に」を使ったほうがいいでしょう。**つまり、「18時で閉店します」よりも「18時に閉店します」と書いたほうがいい、ということです。

③ ホームページに広告を打つ。
④ ホームページで広告を打つ。

　こんどは、場所についての「に」と「で」の違いです。

に：「場所」が「もの／こと」の所在地や目的地を示す場合
で：「場所」を「もの／こと」に利用する場合

　③は、「広告を打つ」目的地が「ホームページである」という意味です。一方、④は、「広告を打つ」という行動のために利用している「もの（場所）」が「ホームページである」という意味です。

68

紛らわしい助詞に注意 ③
「に」と「と」

① 野田は工藤社長に約束しました。

② 野田は工藤社長と約束しました。

「に」と「と」のニュアンスは微妙に異なります。下記の原則に従うなら、①は＜野田が一方的に約束をした＞、②は＜野田と工藤社長がお互いに約束をした＞という意味になります。

> に：＜相手に対して向かう＞というニュアンス。
>
> と：＜相手と対等の立場＞というニュアンス。

③ A案を採用することにします。

④ A案を採用することとします。

この場合の「に」と「と」は、どうでしょうか？ニュアンス的には、「に」が普段使いで、「と」は格式張った表現です。

とくに結果を強調するときには「と」を使います。「採用することにします」と書けば＜自然にその結果に行き着いた＞というイメージですが、「採用することとします」と書くと＜紆余曲折を経て、この結果に至った（選んだ）＞というイメージです。

通常は「に」を使いますが、結果に対する意思が明確な場合、もしくは、明確に区別したい場合には「と」を使います。

第6章

相手を不快にさせない
言葉の言い回し

69

「話し言葉」「軽々しい言葉」は仕事の文章では使わない

　仕事のメールで「話し言葉」や「軽々しい言葉」を使うと、「なれなれしい」「マナー知らず」「失礼な人」と思われてしまいます。しっかりと「書き言葉」で書くようにしましょう。

× すいません（すみません）。
○ 申し訳ありません。／申し訳ございません。

× やっぱりそうですか。
○ やはりそうですか。

× ちゃんと対応してほしい。
○ きちんと対応してほしい。

× 弊社で受けることはないです。
○ 弊社で受けることはありません。

× ちょっと遅れそうです。
○ 少し遅れそうです。／少々遅れそうです。

× いっぱい感想をいただきました。
○ 多くの感想をいただきました。

× **すごく**期待していました。

○ 大変期待していました。

× **あんまり**いい状態ではありません。

○ あまりいい状態ではありません。

× **あとで**処理しておきます。

○ のちほど処理しておきます。

× **やっと**ここまできました。

○ ようやくここまできました。

× この方針でいきたい**ん**ですが〜

○ この方針でいきたいのですが〜

× **たぶん**売れるでしょう。

○ おそらく売れるでしょう。

× **だんだん**広まっていきました。

○ 徐々に広まっていきました。

× **どんどん**成長しました。

○ 急速に成長しました。

× **だいたい** 50 台です。

○ 約 50 台です。

× **全然**問題ございません。

○ まったく問題ございません。

× **ときたま**あるようです。

○ ときどきあるようです。

× **どうしますか。**

○ いかがいたしますか。

× **いいでしょうか。**

○ よろしいでしょうか。

× **もうすぐ**到着します。

○ 間もなく到着します。

× **すぐに**取りかかります。

○ 早急に取りかかります。

× **どこへ**行かれますか。

○ どちらへ行かれますか。

× **こっち**で進めておきます。

○ こちらで進めておきます。

× **こんな**事態を招くとは〜

○ このような事態を招くとは〜

× **私たち**にお任せください

○ 私どもにお任せください。

× **しばらくぶりです。**

△ お久しぶりです。

○ ご無沙汰しております。

× いつも**お世話さまです。**

○ いつもお世話になっております。

× **おわかり**いただけたでしょうか。

○ ご理解いただけたでしょうか。

× ルール**じゃ**なくて〜

○ ルールではなく、〜

× 仕上げ**ちゃって**ください。

○ 仕上げてください。

× 注文しな**きゃ**ならないので〜

○ 注文しなくてはいけないので〜

× 提案しました**けど**、反応は今ひとつでした。

○ 提案しましたが、反応は今ひとつでした。

× 不明点があった**から**、現在、問い合わせ中です。

○ 不明点があったため、現在、問い合わせ中です。

× 原油高が進**んだら**、経営が厳しくなる。

○ 原油高が進めば、経営が厳しくなる。

× 営業を通さ**ないで**、直接ご連絡ください。

○ 営業を通さずに、直接ご連絡ください。

× アイデア出しを**してます**。

○ アイデア出しをしています。

× 鈴木**とか**木村が頑張ってくれています。

○ 鈴木や木村が頑張ってくれています。

× **いろんな**手法があります。

○ いろいろな手法があります。／さまざまな手法があります。

× 販売部の意見**みたい**です。

○ 販売部の意見のようです。

× 作業は**全部**終わりました。

○ 作業はすべて終わりました。

× **一番**いい企画はＡです。

○ 最もいい企画はＡです。

× コスト**なんて**重要ではありません。

○ コストは重要ではありません。

× ミス**ばっかり**くり返している。

○ ミスばかりくり返している。

× **やってもらえ**ませんか。

○ していただけませんか。／お願いできませんか。

× 予測が甘い**っていうか**。

○ 予測が甘いというか。

× **今日**の 17 時に一斉配信します。

○ 本日の 17 時に一斉配信します。

70 その言葉、勘違いですから！

　自分では正しいと思って使っていた言葉や言い回しが、実は間違っていた、というケースは少なくありません。

> 【ダメ文】 **お体を**ご自愛くださいませ。
> 【修正文】 ご自愛くださいませ。

「ご自愛」という言葉のなかに「体を大事にする」という意味が含まれているため、「お体を」と入れる必要はありません。

> 【ダメ文】 Ａ社はＢ社の向いに**なります**。
> 【修正文】 Ａ社はＢ社の向いにございます。

「なります」という表現は、物体や物事が変化する「〜に成る」という意味以外には使えません。たとえば「佐々木さんが店長になりました」という具合です。もちろん、「なります」は、尊敬語でもありません。以下のような書き方もよく見かけますが、同様の理由で間違いです。

　✕ 原稿のお戻しになります　→　○ 原稿をお戻しいたします。
　✕ 帰社は 16 時になります　→　○ 帰社は 16 時でございます。

　身内（自社の人間）の行動について、対外的に伝えるときに「お休みをいただく」と敬語表現を使うことに違和感を覚える人は少なくありません。「休みを取っております」とシンプルに書けばOK です。敬意が足りないと感じるなら、「あいにく休みを取っております」などの表現を用いればいいでしょう。

　ただし、休むことによって、メールの相手に迷惑をかけているようなケースでは、「（お）休みをいただいております」と書いてもいいでしょう。ケース・バイ・ケース。TPO に応じた書き方が求められる文章です。

「業社」という言葉は存在しません。必ず「業者」と書きましょう。

　ビジネスシーンでは、取引き相手が会社であるケースが多いためか、つい「業社」と書いてしまうのでしょう。相手が個人のときしか「者」は使えない、あるいは、会社に対して「者」を使うのは失礼である、という思い込みもあるようです。

71 「乱れた言葉」ではなく、「正しい言葉」を使う

「言葉の乱れは心の乱れ」などと説教臭いことを言うまでもなく、ビジネスシーンで乱れた言葉を使うのは禁物です。

× コーヒー**とか**お好きですか？
○ コーヒーはお好きですか？

× 私**って**接客**とか**得意じゃないですか。
○ 私は接客が得意だと自負しています。

× 先日のようなこともある**じゃないですか**。
○ 先日のようなこともあるかと思います。

× とても**ムカついた**ので〜
○ とても腹が立ったので〜

× あの方**みたく**なりたいです。
○ あの方みたいになりたいです。

× **超**いいアイデアです。
○ とてもいいアイデアです。

× 井上さんは、私の3個上です。

△ 井上さんは、私の3つ上です。

○ 井上さんは、私より3歳年上です。

× **なるほどですね。**

○ おっしゃるとおりです。

× 10万円**から**お預かりしております。

○ 10万円をお預かりしております。

× **なにげに**いい商品なのです。

○ 実はいい商品なのです。

× **半端ない**計画です。

○ ものすごい計画です。

× 荷物**送ります。**

○ 荷物をお送りします。

× **普通に**いい企画だと思います。

○ いい企画だと思います。

　　お世辞抜きにいい企画だと思います。

　　意外といい企画だと思います。

- ✕ わたし**的には**賛成です。
- ○ わたしは賛成です。

- ✕ 企画の**ほうは**、いかがでしょうか。
- ○ 企画の件は、いかがでしょうか。

- ✕ この案で**よろしかったでしょうか**。
- ○ この案でよろしいでしょうか。

- ✕ 少し**うざい**と感じました。
- ○ 少し不快感（嫌悪感）を抱きました。

- ✕ それとは**真逆の**見解です。
- ○ それとは正反対の見解です。

- ✕ **がっつり**話し合いましょう。
- ○ しっかりと話し合いましょう。

　なお、近年 SNS 上などで当て字を使った言葉が散見されます。「最幸（最高）」「志事（仕事）」「輝業（起業）」「顔晴る（頑張る）」「出愛い（出会い）」「望年会（忘年会）」などです（カッコ内が正しい言葉）。プライベートや個人発信の SNS などで使う分には構いませんが、仕事のメールでこれらの言葉を使えば、相手を不快な気持ちにさせる恐れもあります。言葉は共通認識・共通理解のうえに成り立っていることを、肝に銘じておきましょう。

72 顔文字や「(笑)」を使っていいケースとは？

　LINEをはじめとするメッセージ・チャットや、facebookやツイッターといったSNSの台頭により、プライベートで顔文字を使う機会が増えました。社風によっては、顔文字を使ったフレンドリーなやり取りが慣習化している企業もあります。

◆ お世話になっております (^^)

◆ 今後ともよろしくお願い申し上げます＼(^o^)／

◆ 修正に時間がかかってしまいました (^_^;)

　顔文字が、感情を伝えることのできる画期的な伝達方法であることは否定しません。仕事のメールでも、今後、その使用がスタンダードになる可能性も十分に秘めています。

　とはいえ、「顔文字＝仕事で使うものではない」と考えている人が大多数を占める現状、安易に顔文字を使ってはいけません。筆者からの提案は、「仕事のメールに顔文字は使わない」を基本線にしながらも、「相手が顔文字は使ってきたときは、度を越さない程度に合わせる」という方法です。

　ただし、その場合も「(ﾟ∀ﾟ)」や「(+_+)」など、意味がわかりくいものは避けるべきです。

　なお、顔文字だけでなく、「(笑)」や「(汗)」などの表現にも同じことがいえます。相手との関係性や親密さ、あるいは、相手の出方に応じて「使用ＯＫ・使用ＮＧ」を決めましょう。

73 不用意な誤字脱字に気をつける

誤字脱字はないに越したことはありません。相手から「注意力が散漫だ」「日本語がなっていない」と思われては損だからです。

キーボードの変換ミスによる誤字（「意外」と「以外」など）や、送り仮名の脱字（「送り状」を「送状」と書くなど）、Back space キーでの削除ミスによる脱字（「お願います」など）も防ぎたいところです。

<よくありがちな誤字>

◆ 連体して責任を負う。　　　→　　連帯して責任を負う。

◆ 山下大表がお見えです。　　→　　山下代表がお見えです。

◆ 心よく受けていただき〜　　→　　快く受けていただき〜

◆ いさぎ良く認める。　　　　→　　潔く認める。

◆ うる覚えです。　　　　　　→　　うろ覚えです。

◆ これは自論ですが〜　　　　→　　これは持論ですが〜

◆ 肝に命じます。　　　　　　→　　肝に銘じます。

◆ ディスクトップ　　　　　　→　　デスクトップ

◆ シュミレーション　　　　　→　　シミュレーション

◆ コミニケーション　　　　　→　　コミュニケーション

◆ 気まりが悪い。　　　　　　→　　決まりが悪い。

◆ Ａ社に口を聞く。　　　　　→　　Ａ社に口を利く。

◆ ピンチに落ちいる。　　　　→　　ピンチに陥る。

◆ 確立は２倍だ。　　　　　　→　　確率は２倍だ。

74 クッション言葉で「圧」を弱める

　高圧的な言葉や命令調の言葉、上から目線の言葉などは、相手を不快な気持ちにさせることがあります。仕事のメールでは、相手への心遣いを示すソフトな表現「クッション言葉」を用いて、相手を嫌な気持ちにさせないようにしましょう（スピーディなやり取りが求められるような社内メールは除く）。

【ダメ文】ご連絡いただけますか。

　自分が忙しいときに、このような文面のメールが送られてきたら、人によっては、ムカっとくるかもしれません。自分に対する「気遣い」や「敬い」が感じられないからです。

【修正文1】ご連絡いただけますようお願い申し上げます。

　尊敬語を使うだけで、ずいぶん丁寧な印象になりました。しかし、「気遣い」という点では60点といったところでしょうか。この点数を上げるために、クッション言葉を織り交ぜます。

【修正文2】お忙しいところ申し訳ございませんが、ご連絡いただけますようお願い申し上げます。

　気遣いが感じられる文面のため、受信者が気分を害することは

ありません。たくさんあるクッション言葉のなかでも「（お忙しいところ／誠に／大変）申し訳ございませんが」は、あらゆるシチュエーションで使える万能フレーズです。

【ダメ文】　ご記入をお願いいたします。
【修正文1】　誠にお手数ですが、ご記入をお願いいたします。
【修正文2】　大変恐れ入りますが、ご記入をお願いいたします。
【修正文3】　ご面倒をおかけしますが、ご記入をお願いいたします。

「（お忙しいところ／誠に／大変）お手数ですが～／恐れ入りますが～／恐縮ですが～／ご面倒をおかけしますが～」なども使い勝手のいいクッション言葉です。

　そのほかのクッション言葉も見ていきましょう。シチュエーションに応じて、臨機応変にクッション言葉が使えるようになると、相手から好意と信頼を獲得しやすくなります。

＜主にお願い・質問・提案などに使えるクッション言葉＞

◆ ご多用中、誠に（はなはだ）恐縮ですが～

◆ 誠に（重ね重ね／たびたび）申し訳ございませんが～

◆ つかぬことをお聞きしますが～

◆ 突然のご連絡で恐れ入りますが～

◆ ご迷惑かとは存じますが～

◆ 厳しいスケジュールのなか～

◆ もしよろしければ～

◆ さしつかえなければ～

◆ 至らない点も多々あるとは存じますが～

◆ ご無理は重々承知しておりますが～

◆ 身勝手な（ぶしつけな／あつかましい）お願いとは承知しておりますが～

◆ お手を煩わせますが～

◆（急なお願いで）大変お手数ですが～

◆ 大変失礼ながら～

◆ 念のため確認させていただきますが～

◆ ご都合のよいときで結構ですので～

◆ ご足労をおかけいたしますが～

◆ ご不明な点がございましたら～

＜主に断り・お詫びに使えるクッション言葉＞

◆ せっかくではございますが～

◆ あいにくではございますが～

◆ 残念ではございますが～

◆ 僭越ではございますが～

◆ 大変心苦しいのですが～

◆ 大変申し上げにくいのですが～

◆ お気持ちはありがたいのですが～

◆ お気遣いはありがたいのですが～

◆ せっかくではございますが～

◆ ○○なのはやまやまではございますが～

◆ たびたび申し訳ございませんが～

◆ ご不便をおかけしますが～

◆ 不勉強で申し訳ございませんが～

＜主に反論に使えるクッション言葉＞

◆ お気持ちは重々承知しておりますが～

◆ 出過ぎたことかもしれませんが～

◆ おっしゃることはごもっともかと存じますが～

◆ お言葉を返すようですが～

◆ 大変ぶしつけながら～

◆ 失礼とは存じますが～

◆ 私の思い違いかもしれませんが～

◆ 私の勘違いでしたら申し訳ないのですが～

◆ 僭越ながら～

第 **7** 章

メールですぐに使える
フレーズ集

75 すぐに使えるフレーズ集【あいさつ】

メールのあいさつを疎かにしていませんか？そのつど、最適なあいさつ文を書ける人は、文章コミュニケーション巧者です。

【ふつう】お世話になっております。

＜丁寧に接すべき相手へのあいさつフレーズ＞

◆ いつも（平素より）大変お世話になっております。

◆ いつもご愛顧（お引き立て）いただき、ありがとうございます。

◆ いつも○○していただき、誠にありがとうございます。

◆ いつも格別のご高配にあずかり、厚くお礼申し上げます。

◆ いつもお心遣いをいただき、誠にありがとうございます。

＜返信メール時のあいさつフレーズ＞

◆ メールをたしかに受け取りました（拝受しました）。

◆ ご連絡いただき、ありがとうございます。

＜返信メールが届いたときのお礼フレーズ＞

◆ （早速）ご返信いただき、ありがとうございます。

◆ 早速のご返信、誠にありがとうございます。

◆ 迅速にご対応いただき、ありがとうございます。

＜何度もメールを送る場合のあいさつフレーズ＞

◆ たびたび失礼いたします。

◆ 立て続けのご連絡で失礼いたします。

◆ 何度もメールして申し訳ございません。

＜以前、お世話になったことがある場合のフレーズ＞

◆ お久しぶりです。いかがお過ごしでしょうか。

◆ ごぶさたしております。いかがお過ごしでしょうか。

◆ その節は大変お世話になりました。

＜具体的なお礼を兼ねたあいさつフレーズ＞

◆ 先日は○○の件で大変お世話になりました。

◆ このたびは○○の件で大変お世話になっております。

◆ その節は○○の機会をいただき、誠にありがとうございました。

＜初めての相手にメールするときのフレーズ＞

◆ はじめてご連絡差し上げます。

◆ はじめてご連絡いたします。

◆ はじめまして。突然のご連絡で失礼いたします。

＜親しい相手（身内）へのフレーズ：シーンに応じて＞

◆ おはようございます（こんにちは／こんばんは）。

◆ お疲れ様です。

◆ 遅くまでお疲れ様です。

76

すぐに使えるフレーズ集
【お願い・依頼】

　昨今、メールで依頼をするケースが急増しています。とくに社外の人や、関係性が薄い人、初めての人、あるいは、相手にそれなりに負担をかける案件の依頼では、とくに品のあるフレーズを使うようにしましょう。

【ダメ文】よろしくです。
【ふつう】よろしくお願いします。

＜王道の依頼フレーズ＞

◆ よろしく（なにとぞ／伏して／切に）お願い申し上げます。

◆ お願いできれば幸いです。

◆ ぜひお願いいたします。

◆ お願いしたく存じます。

◆ ○○していただけると助かります。

◆ ○○をご検討いただけないでしょうか。

◆ ○○いただくことは可能でしょうか。

＜お願いの形で依頼するフレーズ＞

◆ ○○いただけないでしょうか。

◆ ○○をお願いできないでしょうか。

◆ ○○していただきたいのですが、お願いできませんか。

◆ ○○くださいますようお願いいたします。

＜恐縮の気持ちを伝えるフレーズ＞

◆ 誠に厚かましい（身勝手な／ぶしつけな／唐突な）申し入れとは承知しておりますが〜

◆ このようなお願いをしてご迷惑とは存じますが〜

◆ 誠に申し上げにくいことですが〜

◆ ご無理を承知で申し上げますが〜

◆ 差し支えなければ〜

＜相手を必要としている旨を伝えるフレーズ＞

◆ お頼みできるのは〇〇様だけです。

◆ 〇〇様をおいてほかにお願いできる方はおりません。

＜真剣にお願いするフレーズ＞

◆ 折り入ってお願いがございます。

　お願いの形で依頼をするときに「いただけますか」「いただけますでしょうか」「いただけませんか」「いただけませんでしょうか」など、語尾のバリエーションで悩む人もいるかもしれません。

　結論を言うと、「いただけますでしょうか」「いただけませんでしょうか」は、丁寧語の「ます」と「です」を重ねた二重敬語にあたり、正しい敬語とはいえません。正しくは「いただけますか」であり、「いただけませんか」です。

　とはいえ、言葉は生き物です。「ます」と「です」を重ねたほうが丁寧に感じる、ととらえる人が増えてきているので（本書でも使っています）、今後、定着する可能性は高いでしょう。

77

すぐに使えるフレーズ集
【報告・確認・通知・連絡】

　仕事上のメールで頻繁に使うのが「報告」「確認」「通知」「連絡」など。シチュエーションに合わせて最適なフレーズを選べるようにしておきましょう。

【ダメ文】報告します。

＜王道の報告フレーズ＞

◆ ○○について（○○となりましたので）ご報告いたします。

◆ 取り急ぎ、ご報告いたします。

◆ ○○する運びとなりました。

◆ 誠に勝手ながら、○○させていただくことになりました。

◆ 進捗をご報告いたします。

◆ 以下のとおりご報告いたします。

◆ ご報告させていただいた次第です。

＜任命の報告フレーズ＞

◆ ○○に選出されました。

◆ ○○を担当させていただくことになりました。

◆ ○○を担うこと（運び）となりました。

◆ ○○の役を仰せつかりました。

◆ ○○を務め（勤め）させていただきます。

◆ ○○のご用命を承ることになりました。

＜引き継ぎの報告フレーズ＞

◆ 今後は○○が貴社の担当をさせていただきます。

◆ 後任には○○が就任いたしました。

◆ 私同様、ご指導、ご鞭撻のほどよろしくお願い申し上げます。

＜移転・異動の報告フレーズ＞

◆ 下記に移転いたしました。

◆ 下記に移転することになりました。

◆ ○月○日付けで○○に異動となりました。

◆ 業務拡大に伴い～／社屋改築に伴い～

＜○○の設立・発足・開店の報告フレーズ＞

◆ このたび○○を設立いたしました。

◆ このたび○○を発足する運びとなりました。

◆ このたび○○を設立、開業することになりました。

◆ ○○を進めておりましたが、このたび～

◆ ○○すべく準備を進めてまいりましたが、このたび～

＜○○の閉鎖・終了・閉店の報告フレーズ＞

◆ ○○は（○月○日をもって）閉鎖（終了／閉店）いたします。

◆ ○○は（○月○日をもって）閉鎖（終了／閉店）することに決まりました（相成りました）。

◆ ○○は（○月○日をもって）解散、廃業いたします。

◆ 誠に勝手ながら（都合により／諸般の事情により／○○に伴う△△により）、○○は（○月○日をもって）～

＜確認フレーズ＞

◆ ご確認をお願いいたします。

◆ ご確認のほどよろしくお願いいたします。

◆ ご確認いただけると幸いです。

◆ 念のため、ご確認いただけますでしょうか。

◆ ○○について、確認のためメールいたしました。

◆ ○○について、確認がございます。

◆ ○○でお間違いないでしょうか。

◆ ○○という解釈でよろしいでしょうか。

◆ ○月○日にメールをお送りいたしました。お手元に届いております
ますでしょうか。

◆ 不備やご不明点などございますか。

◆ ○○の場合は、ご連絡いただけますでしょうか。

◆ ○○の進捗はいかがでしょうか。

＜通知・連絡のフレーズ＞

◆ ○○の件でご連絡いたしました。

◆ お知らせ（ご連絡／ご通知）いたします（申し上げます）。

◆ このたび○○することになりました（決定しました）。

◆ ○○をもちまして△△をさせていただきます。

◆ このたび、○○する運びと相成りました。

＜根拠・理由を示すフレーズ＞

◆ ○○の結果、〜

◆ 慎重に検討した結果、〜

78 すぐに使えるフレーズ集【問い合わせ】

　質問、確認、催促など、問い合わせにもいくつかの種類があります。そのつど最適なフレーズを選ぶようにしましょう。

【ダメ文】問い合わせします。

＜王道の問い合わせフレーズ＞

◆ お問い合わせいたします（申し上げます）。

◆ ○○について、おうかがいします（申し上げます）。

◆ ○○について、お尋ねいたします（申し上げます）。

◆ ○○の件でご照会申し上げます。

◆ ご教示（お教え／お聞かせ）いただきたく存じます。

＜確認の問い合わせフレーズ＞

◆ ○○について確認したい点がございます。

◆ ○○ついて確認させていただきたく～

◆ ○○ついて把握したく～

＜返事を促すフレーズ＞

◆ ご返事をいただきたくお願い申し上げます。

◆ ご回答いただけると誠にありがたい次第です。

◆ ご一報くださいますようお願い申し上げます。

◆ ご善処いただきたくお願い申し上げます。

　案内の内容や目的には、さまざまなケースがあります。シチュエーションに応じて最適なフレーズを選びましょう。

【ふつう】 ご案内します。

＜案内の王道フレーズ＞

◆ ご案内申し上げます。

◆ ご案内かたがたお願い申し上げます。

◆ お待ち申し上げます。

◆ ご参加をお待ちしております。

◆ お気軽にお越しください。

◆ ふるってご参加ください。

◆ ご参加いただければ幸いに存じます。

＜参加呼びかけのフレーズ＞

◆ ご出席（お越し）くださいますよう～

◆ ご参加（ご来臨）くださいますよう～

（※「来臨」は「出席」の尊敬語）

◆ ご臨席賜りますよう～

◆ 万障お繰り合わせのうえ～

◆ ご都合がよろしければ～

◆ よろしくご検討のうえ～

◆ お誘い合わせのうえ～

◆ 皆さまお揃いで～

◆ ○○様とどうぞご一緒に～

＜開催案内のフレーズ＞

◆ ○○を開きます（行います）。

◆ 開催（実施／発売）すること（運び）となりました。

◆ 開きたく（催したく／実施したく）存じます。

◆ 開催いたすことになりました。

◆ ○○する企画を立てました。

◆ ○○の開催が下記のとおり決まりました。

＜参加者への要望フレーズ＞

◆ 忌憚のないご意見・ご感想を賜りますよう～

◆ ご高評（ご忠告／ご助言／ご教示／ご鞭撻）をいただきたく（承りたく）～

◆ 出席（ご参加）お待ちしております。

＜出欠の返事要求フレーズ＞

◆ 出欠のご返事を～

◆ 出欠のご都合を～

◆ ご参加の諾否を～

◆ 返信メールにてくださいますよう～

◆ ご連絡（お知らせ／お教え）くださいますよう～

80 すぐに使えるフレーズ集 【了解・承諾】

　了解や承諾の返信をするときも、相手との関係性やシチュエーションに応じてフレーズを使い分けましょう。

【ふつう】わかりました。　※目上の人や外部には使えません
【ふつう】了解しました。　※目上の人や外部には使えません

＜王道の了解フレーズ＞

◆ ○○の件、承りました。

◆ ○○の件、承知いたしました。

◆ ○○の件、かしこまりました。

＜引き受けるときのフレーズ＞

◆ （喜んで／謹んで）お引き受けいたします。

◆ （喜んで／謹んで）お受けしたく存じます。

◆ 喜んで○○させていただきます。

◆ 願ってもないことでございます。

◆ お安いご用です。

◆ 受諾いたします。

＜意気込みフレーズ＞

◆ お役に立てれば幸いです。

◆ ご期待にそうことができれば幸いです。

◆ お力になれれば幸いです。

◆ 微力ながら（及ばずながら）尽力いたします。

＜関係性の強さを強調するフレーズ＞

◆ ほかならぬ○○様のご依頼につき～

◆ ○○様のご依頼とあれば、お断りする理由はございません。

＜不本意ながらも引き受けるフレーズ＞

◆ やむを得ないご事情、承知いたしました。

◆ 正直、厳しい条件ではございますが～

◆ 本来であればお断りする案件ではございますが～

◆ 今回は特別に、この条件でお引き受けいたします。

81

すぐに使えるフレーズ集
【抗議】

抗議のメールに求められるのは、シチュエーションに応じたバランス感覚です。感情的になりすぎるのはよくありませんが、丁寧すぎて「抗議」の真意が伝わらないのも本末転倒です。

【ふつう】ご対応いただけますよう、よろしくお願いいたします。

＜抗議フレーズ＞

◆ 厳しく抗議いたします。

◆ 厳にご注意いただきたく、お願い申し上げる次第です。

＜対処を求めるフレーズ＞

◆ 迅速な（早急な／誠意ある）対応をお願い申し上げます。

◆ 善処（対応／改善／対処）いただけますようお願い申し上げます。

＜回答を求めるフレーズ＞

◆ 誠意ある回答をお待ち申し上げます。

◆ 責任ある回答をここに申し入れる次第です。

◆ 納得のいく回答をいただけておりません。

＜不服を表明するフレーズ＞

◆ 承服いたしかねます。

◆ 納得しかねます。

＜当方の迷惑状況を伝えるフレーズ＞

◆ 大変迷惑（困惑）しております。

◆ はなはだ遺憾に存じます。

◆ 弊社の信用にもかかわる問題ですので～

◆ ○○に支障をきたしかねません。

＜強い抗議フレーズ＞

◆ ○○の場合、しかるべき措置をとらせていただきます。

◆ 貴社とのお取引を中止させていただく可能性もございます。

＜対処の方向性を示すフレーズ＞

◆ ○○するのが筋ではないかと存じます。

◆ ○○されるのが適切な（賢明な）処置かと存じます。

＜最後通告のフレーズ＞

◆ 万一、期日までにご回答がない場合には～

◆ 今後の推移次第では～

◆ ○○の場合、貴社とのお取引を停止せざるを得ません。

◆ ○○の場合、止むを得ず、法的措置に訴えざるを得ません。

＜抗議の結びのフレーズ＞

◆ 二度とこのようなことが起こらないよう、今後はくれぐれもご注意ください。

◆ 今後は早急な措置を講じていただきますよう、お願い申し上げます。

82

すぐに使えるフレーズ集
【断り】

　送る側にとっても受け取る側にとってもナーバスになりがちな「断り」のメール。TPO をわきまえたフレーズを使うと同時に、クッション言葉（74 項参照）との組み合わせも必須です。

【ふつう】 お断り申し上げます。

＜王道の断りフレーズ＞

◆ お申し出はお受けいたしかねます。

◆ お引き受けいたしかねます。

◆ ご要望（ご期待）にはそいかねます。

◆ ご要望（ご期待）にはお応えすることができません。

◆ 今回は見送らせていただきます。

◆ ご遠慮申し上げます。

◆ お断りせざるを得ない状況です。

◆ ご辞退させていただきたく存じます。

◆ ご容赦のほどお願い申し上げます。

◆ ご勘弁いただきたく思います。

◆ お気持ちだけ頂戴いたします。

◆ ○○いたしかねます。（例：承服いたしかねます。）

◆ 必要ございません。

◆ 辞退いたします。

＜力不足を伝えるフレーズ＞

◆ 力不足で申し訳ございません。

◆ とても私には力が及びません。

◆ 私にはまだ荷が重たすぎます。

◆ 私の一存では決めかねます。

＜断りと組み合わせるクッション言葉＞

◆ 申し訳なく存じますが～

◆ 誠に残念ではございますが～

◆ 誠に不本意ではございますが～

◆ お引き受けしたいのは（お役に立ちたいのは／ご協力したい気持ちは）やまやまではございますが～

◆ せっかくのお申し出（ご依頼／ご提案）ではございますが～

◆ お力になれず～（お役に立てず～／ご協力できず～／ご要望にそえず～）

◆ 大変ありがたい（よい）お話ですが～

◆ あいにくその日は予定が詰まっており～

◆ 大変魅力的なお話ですが～

◆ 上の者とも検討させていただきましたが～

◆ お気持ちは重々承知しておりますが～

＜断りへの理解を求めるフレーズ＞

◆ なにとぞ事情をご賢察のうえ～

◆ なにとぞ事情をご察しいただき～

◆ あしからずご了承ください。

83

すぐに使えるフレーズ集 【お詫び】

　人間にミスや不手際、勘違いはつきものです。お詫びのメールを書く場合は、相手の"怒りの度合い"に合わせて、注意深くフレーズを選ぶ必要があります。

> 【ダメ文】すいません（すみません）。
> 【ふつう】申し訳ありません。

＜お詫びの気持ちを伝えるフレーズ＞

◆（誠に）申し訳ございません。

◆（深く／謹んで／心より／重ねて）お詫び申し上げます。

◆ 謝罪いたします。

◆ 陳謝いたします。

◆ 大変（多大なる）ご迷惑を（ご心配を）おかけいたしました。

◆ 大変お手を煩わせました。

◆ 大変失礼いたしました。

◆ 幾重にもお詫びいたします。

＜反省を表すお詫びフレーズ＞

◆ 申し開きのできないことです。

◆ 弁解の余地もございません。

◆ 釈明するつもりもございません。

◆ お恥ずかしい（情けない）かぎりです。

◆ 深く反省（猛省）しております。

◆ 責任を痛感しております。

◆ 自責の念にかられております。

◆ 不徳のいたすところです。

◆ 私のいたらなさが招いた結果です。

◆ 私の力不足です。

＜相手の指摘を受け入れるお詫びフレーズ＞

◆ ○○の件は、まさにおっしゃるとおりでございます。

◆ ご指摘（お怒り／ご指摘）は、ごもっとものことと存じます。

◆ お腹立ち（ご指摘）は無理もないことでございます。

＜ミスの原因を表すお詫びフレーズ＞

◆ ご期待にそえず〜

◆ 私の不注意で〜

◆ 私の不手際で〜

◆ 心得違いで〜

◆ （監督）不行き届きで〜

◆ 気が回らず〜

◆ 失念しており〜

◆ 私の言葉（配慮）が足りず〜

＜失礼の度合いを表すお詫びフレーズ＞

◆ 無礼千万なことと〜

◆ 礼儀知らずもはなはだしく〜

◆ 非礼このうえないことと〜

◆ とんだ失態を演じまして〜

◆ とんだ不始末をしでかしまして〜

◆ このような事態を招き〜

◆ あってはならないことでした。

◆ もってのほかでございました。

＜許しを請うお詫びフレーズ＞

◆ ご理解のうえご容赦いただきますよう〜

◆ お許し（ご容赦）ください。

◆ お許し（ご容赦）願います。

＜改善の姿勢を表すお詫びフレーズ＞

◆ 以後、このようなことがないよう、細心の注意を払います。

◆ 二度とこのようなことがないよう、精進いたします。

◆ 今後はこのような不手際がないよう、厳重に注意をいたす所存
でございます。

◆ 今後はこのようなことがないよう、○○を肝に銘じます。

◆ 今後はこのようなことがないよう、厳に注意いたします。

　失礼の度合いが高いほど、メール本文に複数のお詫びフレーズ
を盛り込む必要があります。このとき、相手に "一本調子のお詫
び" と思わせないよう、いろいろなパターンのお詫びフレーズを
織り交ぜることが大切です。ワンフレーズごとに相手の気持ちが
軟化していく。そんなイメージで文面を紡ぎましょう。

84 すぐに使えるフレーズ集【祝福】

祝福のメールは相手にとっても嬉しいものです。フレーズのバリエーションを増やすこともさることながら、何に対する祝福なのか、その「何」を明確にしながら書くことも大事です。

【ふつう】おめでとうございます。

＜王道の祝福フレーズ＞

◆ 誠におめでとうございます。

◆ 心よりお祝い（お喜び）申し上げます。

◆ 喜ばしいかぎりです。

◆ 謹んでお慶び申し上げます。

◆ 誠に大慶に存じます。

＜周辺関係者への配慮フレーズ＞

◆ ○○様もさぞお喜びのことでございましょう。

＜祝う対象を明確にするフレーズ＞

◆ このたびは○○の由、誠におめでとうございます。

◆ このたびは○○されたとのこと。誠におめでとうございます。

＜締めのフレーズ＞

◆ まずは取り急ぎ○○のお祝い言上まで。

85 すぐに使えるフレーズ集 【お礼・感謝】

　メールでお礼や感謝の気持ちを伝えるケースは意外に多いもの。相手や場面に応じて、最適なフレーズを選択しましょう。

> 【ふつう】ありがとうございます。
> 【ふつう】感謝しております。

＜品格のある感謝フレーズ＞

【深い感謝を示す】

◆（深く／心より）感謝申し上げます。

◆厚くお礼申し上げます。

◆感謝してやみません。

◆深謝いたします。

◆ただただ感謝の気持ちでいっぱいです。

【自分の喜びなどの気持ちを伝えて感謝を示す】

◆大変うれしく思います。

◆（感激／感動）で胸がいっぱいになりました。

◆身に余る光栄です。

◆誠に頭が下がる思いです。

◆○○していただき、感激しております。

◆至福の時間を過ごさせていただきました。

◆お気持ちが心にしみました。

【施しを受けた内容を示しつつ感謝する】

◆ このたびは○○いただき、誠にありがとうございます。

◆ 親身になって○○していただき、ありがとうございます。

◆ お陰さまで○○することができました。

◆ いつも無理を聞いていただき、ありがとうございます。

◆ お気遣い（ご配慮／ご尽力／ご教示／ご協力）いただき、ありがとうございます。

◆ 過分なお心遣いを頂戴し、ありがとうございます。

◆ ○○様のご尽力のお陰（賜物）です。

◆ 貴重な（ご助言／お力添え／お口添え／ご協力／ご尽力／ご指導）をいただき、ありがとうございます。

◆ ご足労いただき、ありがとうございます。

【素早い対応に感謝する】

◆ 早速のご対応をありがとうございます。

◆ 迅速なご対応をありがとうございます。

◆ 早急なご対応をありがとうございます。

　言うまでもなく、相手との関係性やＴＰＯをわきまえる必要があります。とくに相手の「時間」や「労力」や「信頼」を借りたときは、判で押したようなフレーズを使ってはいけません。

　たとえば、「ありがとうございます」のひと言で終わらせずに、「戸田さんをご紹介くださり、お礼の言葉もありません。心より感謝申し上げます」と具体的に気持ちを記すことによって、誠実さや深いお礼の気持ちが相手に届くのです。

すぐに使えるフレーズ集
【気遣い】

　相手に気遣いの言葉をかけられるビジネスパーソンは、良質な人間関係を築ける人です。それはメールでも同じです。相手の立場やシチュエーションに合わせて、最適な気遣いを盛り込むことによって、相手の好意と信頼を勝ち取ることができます。

【ふつう】 お体に気をつけてください。

＜品格のある気遣いフレーズ＞

◆ お体にはお気をつけください。

◆ 季節柄（寒さも厳しい折／季節の変わり目につき）、くれぐれもご自愛ください。

◆ お大事になさってください。

◆ ご無理だけはなさらずに～

◆ お風邪をひかれませんよう（召さぬよう）～

◆ 熱中症などにお気をつけください。

◆ お疲れのことと存じます。

◆ 楽しい週末（夏季休暇）をお過ごしください。

◆ 今夜はゆっくりお休みください。

◆ 十分に（たっぷりと）英気を養ってください。

◆ 大変なご苦労をされたと拝察いたします。

◆ ご心労も多いかと拝察いたしますが～

◆ ○○様にもくれぐれもよろしくお伝えください。

87 すぐに使えるフレーズ集 【お見舞】

　誰かが窮地に陥っているとき、体調を崩しているときなどに、お見舞いのメッセージを添えられるとスマートです。

> 【ダメ文】大丈夫ですか。

＜お見舞いの王道フレーズ＞

◆ ○○とのことで、大変心配しております。

◆ お加減はいかがでしょうか。ご案じ申し上げております。

◆ 心から（謹んで）お見舞い申し上げます。

＜体調回復を祈念するフレーズ＞

◆ 一日も早いご回復をお祈り申し上げます。

◆ 一日も早く全快されますよう、お祈り申し上げます。

◆ 無理なさらぬよう、くれぐれもご自愛（ご静養）くださいませ。

＜驚きのフレーズ＞

◆ ○○とお聞きし、大変（ただただ）驚いております。

◆ 突然のことに耳を疑うばかりです。

◆ 自分のことのように胸が痛みます。

＜配慮フレーズ＞

◆ お仕事が気にかかることとは思いますが〜

すぐに使えるフレーズ集
【感心・賞賛】

　（相手に）感心した気持ちを伝えたり、（相手を）賞賛したりできる人は、良好な人間関係を築くのが得意な人です。

　感心されて（褒められて）嬉しくない人はいません。ウソをつく必要なく、自分が感心したときや、相手を褒めたくなったときは、素直な気持ちを伝えましょう。メールはずっと残りますので、口にするとき以上の「人たらし効果」が期待できます。

【ふつう】 さすがです。

＜品格のある感心・賞賛フレーズ＞

◆ 感じ入っております。

◆ 感動いたしました。

◆ 頭が下がる（恐れ入る／心を打たれる）思いです。

◆ 感心しております。

◆ 弊社の○○も感心しておりました。

◆ 感銘を受けました。

◆ ○○と感服いたしております。

◆ 誠に（大変）感服いたしました。

◆ お手本にさせていただきます。

◆ ○○様のご活躍には敬服いたします。

◆ ○○様の○○は秀逸でございました。

◆ 大変勉強になります。

すぐに使えるフレーズ集
【受領案内・受領確認】

【ダメ文】受け取ってください。

＜受領案内のフレーズ＞

◆ 本メールに添付してございます。

◆ 本日の宅急便にてお送りいたしました。

◆ お受け取りください（ませ）。

◆ ご査収願います。

（※「査収」は＜よく調べて受け取る＞の意味）

◆ お納めください（ませ）。

（※物や金銭の受領時に使います）

◆ ご検収ください（ませ）。

（※商品の受け渡し時に使います）

◆ ご笑納ください（ませ）。

（※「つまらないものですが」という謙遜の意味を込めている）

【ふつう】受け取りました。

＜受領確認のフレーズ＞

◆ 拝受（受領）しました。

◆ 頂戴（到着／着荷）いたしました。

◆ ○○をお送りいただき、ありがとうございます。

◆ 受け取りましたのでご安心ください。

90 すぐに使えるフレーズ集【交渉】

【ダメ文】納期が遅れます。

＜交渉のフレーズ＞

◆ 納期を○日まで延期していただきたくご連絡差し上げました。

◆ ○○について再度、ご検討いただけますでしょうか。

◆ ○○していただくことは可能でしょうか。

◆ ご相談させていただきたく存じます。

◆ ○○円までであればお値引きすることも可能です。

91 すぐに使えるフレーズ集【催促】

【ダメ文】どうなっていますか？

＜催促のフレーズ＞

◆ その後、いかがでしょうか（いかがなりましたでしょうか）。

◆ 進捗状況を教えていただけると助かります。

◆ ご対応いただければ幸いです。

◆ 行き違いでしたら申し訳ございませんが～

◆ ご多忙かとは（ご事情がおありかとは）存じますが～

◆ ○月○日までにご連絡いただきますようお願い申し上げます。

92 自分の言葉を織り交ぜる

　ここまでご紹介してきたフレーズを積極的に活用することで、相手があなたに抱く心証は格段に良くなるはずです。

　一方で、フレーズ集は、誰に向けて使っても、それなりに効果が出てしまうものです。逆に言えば、相手に強いインパクトを残すには少し物足りない、ともいえます。

　あなたが、もしも**相手と強固な信頼関係を築きたいのであれば、有り体なフレーズだけではなく、自分なりの言葉で「相手に対する気遣い」を示す術を身につける必要があります。**

・西さんがいつも迅速にご対応くださるお陰で助かっております。
・「尾崎さんの笑顔がすばらしいですね」と、先日もお客様から嬉しい感想をいただきました。
・小田島さんからいただいたご助言のお陰で、コンバージョン率が3割ほどアップしました。
・大泉さんのポップなセンスには、舌を巻くばかりです。

　これらの言葉は、紋切り型ではなく、相手との関係性のなかで生まれた、この世で唯一無二のフレーズです。それだけに、相手にとっては嬉しく、また、記憶にも残りやすくなります。

　なお、宛名だけでなく、本文中に相手の名前を入れるのもおすすめです。相手の自己重要感（「人間として大切にされている」という実感）がアップして親近感をもたれやすくなります。

あとがき

　3年前に明日香出版社から出版したシリーズ第1弾『伝わる文章が「速く」「思い通り」に書ける 87 の法則』と、第2弾『買わせる文章が「誰でも」「思い通り」に書ける 101 の法則』がお陰さまでロングセラーとなりました。

　そして、前作から約2年ぶり。満を持して書き上げたのがシリーズ第3弾となる本書です。

　私自身、1日に約 50 〜 100 本のメールを送信していますが、そのなかに同じものはひとつもありません。30 秒もあれば書ける「受け取り確認メール」から、相手の気持ちに配慮しながら言葉を尽くして書く「お願いメール」、相手の怒りに寄り添うように書く「お詫びメール」まで、その種類はさまざまです。

　あらゆる種類のメールを書き分けるスキルが、ビジネスパーソンに求められているのです。その書き分けを行ううえで欠かせないのが、「まえがき」で述べた「相手本位の文章」です。

　本書で紹介した 92 個の法則は、すべて「相手本位の文章」という大きなテーマで串刺しにしています。
　あなたが 92 個の法則をひとつずつ身につけていくたびに、メールの伝達力と仕事の成果がアップしていきます。それゆえ、自分のものになるまで、何度でも、しつこいくらいにお読みください。

92個の法則を理解したら、こんどは、それらを自分のメールに反映させてください。「知っていること」と「実際に使えること」には、天と地ほどの差があります。あなたがこの本に投資した1400円の価値は、あなたが本書のノウハウを実践して初めて得られるものなのです。

　ご心配なく。迷子になったときは、遠慮なくこの本を開いてください。必ず、あなたに"進むべき道"を示してくれるはずです。

　最後になりますが、シリーズ3部作すべてで企画と編集を担当していただいた明日香出版社の久松圭祐さんに心よりお礼申し上げます。

　また、妻の朋子と娘の桃果にも心からの感謝を。いつも応援してくれてありがとう。

　そして、読者であるあなた。あなたの伝わるメールで、あなた自身と、あなたからメールを受け取るすべての人を幸せにしてあげてください。それが著者である私の最大の望みです。

2017年1月　山口 拓朗

■著者略歴

山口　拓朗（やまぐち　たくろう）

伝える力【話す・書く】研究所所長。1972年鹿児島生まれ。神奈川育ち。出版社で6年間、編集者・記者を務めたのちにフリーライターとして独立。「渋谷のクラブに集う20代の若者」から「老人ホームに集う90代のお年寄り」まで、21年間で2700件以上の取材・執筆歴を誇る。現在は執筆活動に加え、講演や研修を通じて「論理的に伝わる文章の書き方」「好意と信頼を獲得するメールの書き方」「売れる文章＆コピーの作り方」「ファンを増やすブログ記事の書き方」等の実践的ノウハウを提供。広告コピーやセールスライティング、WEBライティングも多数手がける。2016年からは50万人の会員を誇る中国のコミュニティ「行動派」に招聘されて「Super Writer養成講座」もスタートさせた。モットーは「伝わらない悲劇から抜けだそう！」。中学生にもわかる言葉で解説する丁寧な語り口に定評がある。

著書に『伝わる文章が「速く」「思い通り」に書ける87の法則』、『買わせる文章が「誰でも」「思い通り」に書ける101の法則』（共に明日香出版社）、『問題を解くだけですらすら文章が書けるようになる本』（総合法令出版）、『何を書けばいいかわからない人のための「うまく」「はやく」書ける文章術』（日本実業出版社）、『書かずに文章がうまくなるトレーニング』（サンマーク出版）他がある。

山口拓朗の公式ホームページ
http://yamaguchi-takuro.com/

山口拓朗の連絡先
yama_tak@plala.to

本書の内容に関するお問い合わせは弊社HPからお願いいたします。

伝わるメールが「正しく」「速く」書ける 92 の法則

| 2017年　2月　19日　初　版　発　行 | 著　者　山　口　拓　朗 |
| 2020年　7月　3日　第11刷発行 | 発行者　石　野　栄　一 |

〒112-0005 東京都文京区水道 2-11-5
電話 (03) 5395-7650 （代　表）
　　 (03) 5395-7654 （FAX）
郵便振替 00150-6-183481
https://www.asuka-g.co.jp

明日香出版社

■スタッフ■　BP事業部　久松圭祐／藤田知子／藤本さやか／田中裕也／朝倉優梨奈／竹中初音
　　　　　　　BS事業部　渡辺久夫／奥本達哉／横尾一樹／関山美保子

印刷　株式会社文昇堂
製本　根本製本株式会社
ISBN 978-4-7569-1881-9 C0036

伝わる文章が「速く」「思い通り」
に書ける 87 の法則

山口　拓朗 著

ISBN978-4-7569-1667-9

B6並製　232ページ　本体価格1400円＋税

『書いた文章がなかなか伝わらない』『文章を書くのが下手で、時間だけがどんどん過ぎていってしまう』。このような悩みを持っている人のために、短時間に正確で伝わる文章を作成するテクニックを87項目でまとめました。

買わせる文章が「誰でも」「思い通り」に書ける 101 の法則

山口　拓朗 著

ISBN978-4-7569-1720-1
B6並製　208ページ　本体価格1500円＋税

売れない文章と売れる文章の違いは「読み手の感情を動かせるかどうか」に尽きます。事前準備から読み手の感情を動かす具体的な方法、興味を引くコピーの作り方、購買へと導く方法まで、売るために必要な文章の書き方を解説。営業マン、販売員、ネット事業者などにオススメです。

言いたいことが確実に伝わる
メールの書き方

小田 順子 著

ISBN978-4-7569-1429-3

B6並製　248ページ　本体価格1400円＋税

伝わるメールの書き方、失礼のないメールの書き方、正しい返信の仕方、メールの仕分けの方法、メールを出すタイミング、署名の効果的なつくりかた、件名のつけ方など、コミュニケーションを円滑にするメールの上手な使い方を身につける。